FRAGONARD

1ère édition La Palatine, Genève, 1946

http ://www.librairieharmattan.com
diffusion.harmattan@wanadoo.fr
harmattan1@wanadoo.fr

ISBN : 2-296-01953-6
EAN : 9782296019539

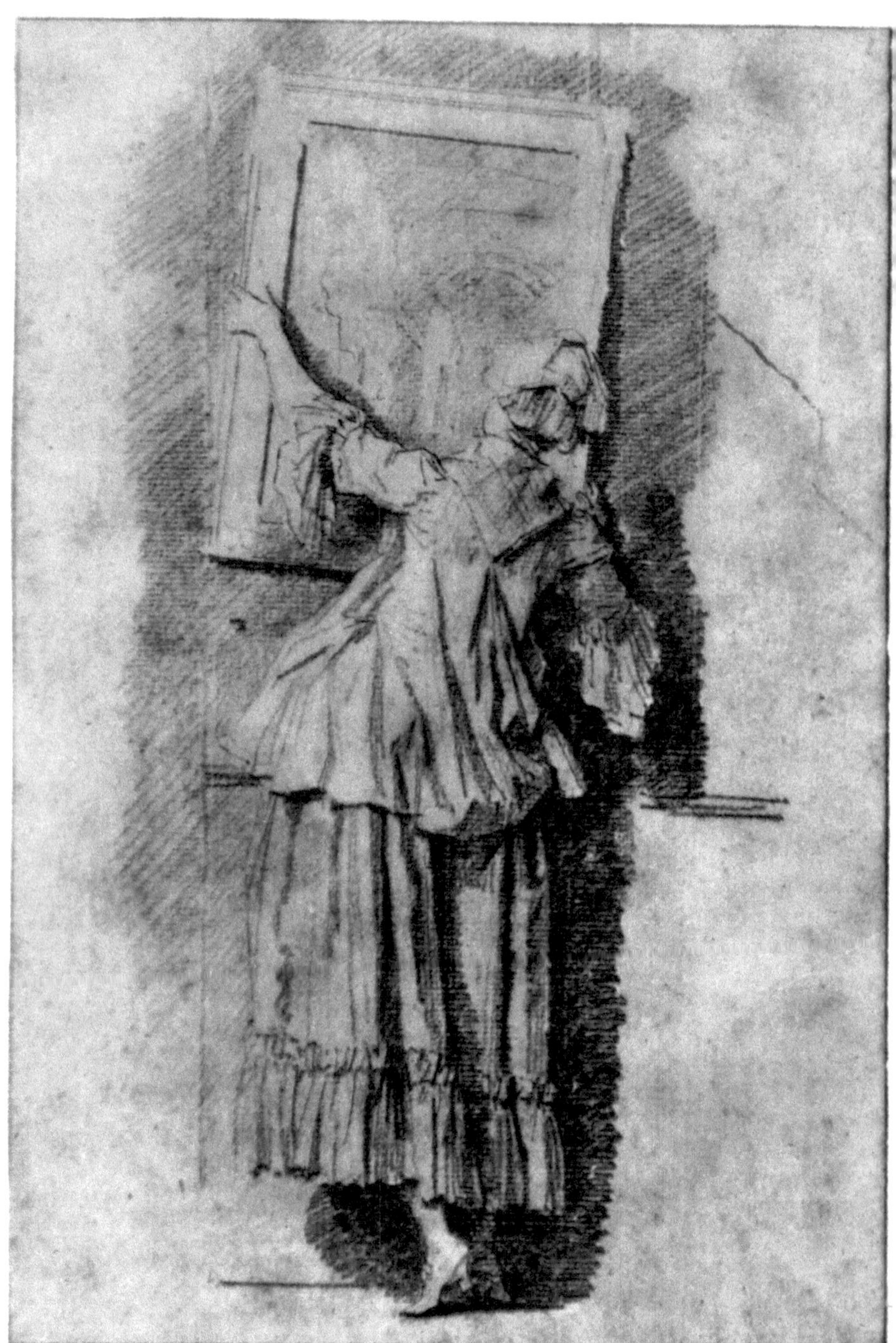

I

E. ET J. DE GONCOURT

FRAGONARD

L'Harmattan
5-7, rue de l'École-Polytechnique ; 75005 Paris
FRANCE

L'Harmattan Hongrie
Könyvesbolt
Kossuth L. u. 14-16
1053 Budapest

Espace L'Harmattan Kinshasa
Fac..des Sc. Sociales, Pol. et Adm. ;
BP243, KIN XI
Université de Kinshasa – RDC

L'Harmattan Italia
Via Degli Artisti, 15
10124 Torino
ITALIE

L'Harmattan Burkina Faso
1200 logements villa 96
12B2260
Ouagadougou 12

Jean Honoré Fragonard s'est illustré comme l'un des plus grands artistes de son temps. Des portraits aux scènes familières, des thèmes religieux aux scènes galantes, la variété et la richesse de son inspiration, de son style et de sa technique étonnent et émerveillent encore aujourd'hui. Le génie créatif du peintre n'a eu d'égal que la diversité et la richesse de son œuvre. Pour le bicentenaire de la mort de cet artiste, il est important de rééditer *Fragonard* de Jules et Edmond de Goncourt qui a permis à Jean Honoré Fragonard de ne pas tomber dans l'oubli au XIXe siècle. Cette approche de sa vie et de son œuvre fait office de témoignage, parmi le peu d'écrits qui existe sur cet artiste. Le XVIIIe siècle français fit une première brèche, non pas encore dans la vision plastique, mais dans la conception du rôle que devait jouer la peinture et l'art en général. Aujourd'hui encore, Fragonard profite d'une célébrité notamment grâce à d'importantes rétrospectives qui lui ont été consacrées[1], ainsi que la grande exposition de dessins au musée du Louvre en 2004. Cette présente édition fait suite à celle de 1946.

1. Les Goncourt et l'art

Fondateurs de l'Académie qui perpétue leur nom, les frères Goncourt se sont consacrés à des études historiques et notamment une grande partie sur le XVIIIe siècle. Tout en exerçant le métier de journaliste, les Goncourt fréquentent la bohème artistique et fréquentent les marchands de tableaux parisiens. Collectionneurs

[1] À Paris, au grand Palais en 1987 et à New York, au Metropolitan Museum en 1988.

d'exception[2], ces adorateurs du XVIIIe siècle remirent au goût du jour des artistes comme Watteau, Fragonard ou Boucher. Ils souhaitèrent retracer l'histoire de l'art français du XVIIIe siècle. Ils ont littéralement "inventé" le XVIIIe siècle, tant sur le terrain de la recherche que celui de la réhabilitation de l'art français de cette période tombée alors en désuétude.

Edmond de Goncourt est né en 1822, et Jules de Goncourt, le second est né en 1830. Jules de Goncourt est mort en 1870 et Edmond de Goncourt en 1896. La vie des deux frères jusqu'à la mort du plus jeune est intimement liée et il est difficile de déterminer ce qui revient à chacun d'eux. Petits-fils d'un député du tiers à l'Assemblée nationale de 1789, mais tenant fort à leur particule et à leur ascendance aristocratique, les frères de Goncourt débutèrent dans les lettres, en 1851, par un roman qui passa à peu près inaperçu. De cette époque à 1860, ils se réservèrent presque exclusivement à l'étude des mœurs et des idées du XVIIIe siècle. Ainsi parurent *Histoire de la société française pendant la Révolution et sous le Directoire* (1854-55, deux volumes) ; *Portraits intimes du XVIIIe siècle* (1856-58, deux volumes) ; *Sophie Arnould d'après sa correspondance et ses mémoires inédits* (1857) ; *Histoire de Marie-Antoinette* (1858) ; *les Maîtresses de Louis XV* (1860, deux volumes), réimprimés de 1878 à 1879 sous les titres de *la Du Barry, la Pompadour, la Duchesse de Châteauroux et ses sœurs.* Ils continuèrent plus tard cette série avec *la Femme au XVIIIe siècle* (1862), et *les Actrices du XVIIIe siècle*, *Mme Saint-Huberti*,

---

[2] De 1896 à 1897 se tinrent à la salle des ventes Drouot, les huit ventes aux enchères nécessaires pour adjuger toutes les collections des Goncourt : livres, dessins, pastels, aquarelles, estampes modernes, gravures et objets d'art du XVIIIe siècle, Art d'Extrême-Orient. Cette prestigieuse collection de dessins, aquarelles et pastels du XVIIIe siècle propose entre autres : 15 dessins de Boucher, 12 de Cochin, un carnet contenant 68 croquis de Eisen, 21 oeuvres de Fragonard, d'autres de Gravelot, Lancret, Huet, Quentin de la Tour, Moreau le Jeune, Moreau l'Aîné, Natoire, Norblin de la Gourdaine, Nattier, Oudry, Pillement, Prud'hon, 7 de Hubert Robert, un exceptionnel ensemble de 45 Saint-Aubin, des Vanloo, des Vernet, 15 Watteau, …

Mlle Clairon (1885-1890, deux volumes) et l'étendirent à l'art et aux artistes avec *l'Art du XVIIIe siècle* (1874, deux volumes) et *l'Oeuvre de Watteau* (1876).

À partir de 1970, Edmond Goncourt commence à s'intéresser de plus en plus à l'art japonais. Le japonisme joua un rôle déterminant dans l'évolution de la peinture, des arts décoratifs et de l'architecture en Europe et aux États-Unis à la fin du XIXe siècle et au début du XXe siècle. À Paris, les pavillons japonais des expositions universelles, à partir de 1867, obtiennent un immense succès. Ce goût pour le Japon est très actuel chez les artistes, et annonce déjà les futurs impressionnistes. En effet, en 1884, l'exposition posthume de Manet (le peintre est mort l'année précédente) à l'École des Beaux-Arts est organisée par Antonin Proust, l'ami de Manet, Émile Zola, lui, a écrit la préface du catalogue. Edmond n'apprécie pas cette exposition. Pourtant, l'impressionnisme propose aussi de peindre la réalité réjouissante, celle des loisirs, de la beauté de la nature, une quête sans fin de lumière... Bref, un certain art de vivre qui rejoint bien les aspirations du XVIIIe siècle. Cette même année, se crée le salon des indépendants avec le chef de file du mouvement, Seurat. Le néo-impressionnisme constitue maintenant l'avant garde. En 1886, Edmond de Goncourt préfère s'intéresser aux objets d'art industriel japonais attiré, maintenant, par des couleurs de plus en plus vives. Dix ans après, il écrit *Hokousaï, l'art japonais au XVIIIe siècle.* Pourtant, Edmond Goncourt tient pour folie la laideur de l'exposition "art nouveau" chez Siegfried Bing en 1895. Cette première exposition donnera le nom de ce nouveau style international. Siegfried Bing était un marchand d'art ancien chinois et japonais à Paris que les deux frères fréquentaient régulièrement. En 1895, il décida de consacrer une partie de sa boutique à l'art contemporain, dès lors ce fut un lieu symbolique de l'art nouveau en France. Siegfried Bing a dirigé, de 1888 à 1891, la publication du *Japon artistique* et, dès le premier numéro préconisait "la réflexion sur les principes fondamentaux de l'art japonais". L'art décoratif japonais offrit à l'art nouveau de nouvelles formes décoratives.[3] Edmond regrette alors de ne plus trouver des dessins du XVIIIe siècle, et, chez Bing, de nouvelles impressions japonaises. Dans la vie et l'œuvre des frères Goncourt, il y a beaucoup de contradictions. Ils n'aimaient pas l'art de leur temps et l'évolution qu'il prenait sous leurs yeux. Lorsqu'ils décrivent les œuvres de Fragonard, ils s'approchent d'une description impressionniste : "Fragonard a été plus loin que personne dans cette peinture enlevée qui saisit l'impression des choses et en jette sur la toile comme une image instantanée." L'impressionnisme dépeint également une réalité contemporaine comme une photographie qui est l'invention par excellence du XIXe siècle de cette évolution artistique. Les Goncourt n'aiment pas leur siècle, et encore moins l'art de leur temps pour lequel ils éprouvent une totale incompréhension.

L'œuvre des frères Goncourt était connue des peintres. Van Gogh appréciait tout particulièrement *L'Art du dix-huitième siècle*. Dans la bibliothèque de Monet, il y avait *Hokusaï* d'Edmond Goncourt. En effet, les Goncourt ont été parmi les premiers à présenter aux français des estampes japonaises qui ont engendré un renouveau dans la peinture française. Ils ont sans le vouloir contribué à la naissance de l'impressionnisme et à l'émergence de l'art nouveau. Pourtant ils manifestent, sauf à l'égard de Degas, la plus grande incompréhension face aux œuvres contemporaines. Le discours sur la peinture, dans *Manette Salomon*, permet aux deux frères de définir une poétique de l'instantané qui pourrait trouver immédiatement son champ d'application dans les peintures impressionnistes. Ainsi, ils esquissent sans le savoir et sans le vouloir, une théorie de l'impressionnisme qui est plutôt liée à leur goût pour les impressions japonaises plutôt qu'au

[3] La découverte de l'art décoratif japonais par les artistes français a donné naissance à une sensibilité particulière " le japonisme " qui a été un des éléments essentiels de l'apparition du mouvement de l'art nouveau. Cet état d'esprit, initié par l'art japonais, repose essentiellement sur la redécouverte de la nature et son utilisation à des fins décoratives. Les artistes français empruntent non seulement leurs thèmes de prédilection à leurs confrères japonais mais aussi de nouvelles formules décoratives.

mouvement qui est train de naître. Ce goût pour les peintures instantanées, telles des photographies, les deux frères en font un élément privilégié des œuvres du XVIIIe siècle.

2. Le XVIIIe siècle ou la "douceur de vivre"

Le XVIIIe siècle est à la fois très proche et pourtant définitivement passé, il est donc susceptible de devenir un idéal. Ce siècle est en effet proche d'eux mais la Révolution a radicalement changé la société. Pour eux, c'est l'événement qui a provoqué, en même temps qu'une révolution politique, une révolution des mœurs, des valeurs, et des esprits. Leur nostalgie se place donc tout naturellement à l'époque ayant précédé la Révolution, à l'époque qui incarne la perte de ses valeurs. Le XVIIIe siècle représente pour eux l'apogée de ce monde ancien, le sommet de l'Ancien Régime, le point culminant de cette société à l'art si raffiné, mais c'est aussi curieusement parce que c'est une société décadente.

Avant la Révolution, l'Ancien Régime est le point culminant de la société des arts raffinés. La Révolution française est l'événement majeur d'un changement qui marque dans l'histoire le tournant entre l'époque moderne et l'époque contemporaine. Pour la première fois en Europe depuis l'Antiquité, le principe du régime monarchique a été renversé. Le XVIIIe siècle est proche de leur époque. Ce siècle fut baptisé aussi *Siècle des Lumières* du fait de ses importantes avancées philosophiques. Cet extraordinaire mouvement intellectuel qui le caractérise, tourné vers la science et la philosophie, attire les deux frères. La science n'est plus seulement le fait de quelques savants, l'engouement pour les sciences s'étend à tous. Cet enthousiasme touche les Goncourt qui ont horreur des savants, des universitaires, ceux qui, d'une manière générale, font de la pensée un moyen de parvenir, un instrument de pouvoir. Il y a aussi dans cette passion du XVIIIe siècle, une influence littéraire. Le rejet de la Révolution et de la démocratie est indissociable chez les Goncourt, en ce sens, ils n'adhèrent pas aux valeurs de leur époque, qui apparaît à chaque instant sous leur plume. Ils rejettent leur siècle, à cause de la Révolution et de ses acquis ; ils refusent de lui appliquer l'idée de progrès, le d'y voir un symbole de la démocratie. En effet, les deux frères reprochent d'abord à la démocratie l'absurdité de son principe : la société étant comme un gigantesque organisme, rien de plus absurde, selon eux, que de vouloir l'égalité de tous. Ils rejettent par là même, le suffrage universel et regrettent amèrement l'ancienne société d'avant la Révolution. Ils observent également combien l'argent et le profit obsèdent leur époque, cela s'oppose au XVIIIe siècle, où les gens cultivaient un certain art de vivre et recherchaient d'abord le plaisir. Le XIXe siècle est à leurs yeux, le siècle par excellence de la facilité et de la vulgarité.

Le XVIIIe siècle touche tout particulièrement les Goncourt parce qu'il est le siècle où l'art français se dégage des influences étrangères antérieurement si puissantes. Elle trouve enfin une dimension nationale, elle devient une peinture personnelle, dégagée de l'influence de l'Antiquité et de l'influence italienne, si importante encore au XVIIe siècle. La peinture française du XVIIIe siècle s'affirme comme une peinture résolument nationale, intimiste et cultivant la grâce, le raffinement et la sensualité. Elle se libère de la "grande peinture" tournée vers la religion, la mythologie et l'histoire pour aller vers la peinture de genre, vers la représentation de la vie quotidienne de ses contemporains.

3. Le dernier feu de joie du XVIIIe siècle

Il est très significatif que les Goncourt vouent un culte à l'art du XVIIIe siècle car c'est un art de l'amour poétique. Ils admire tout particulièrement les peintures de Watteau, qu'ils apprécient plus encore que celles de Fragonard, et incomparablement plus que celles de Boucher et de Greuze. À l'artiste, les Goncourt demandent donc d'être quelque peu poète pour les séduire totalement. La poésie, la fantaisie sont des éléments essentiels pour eux, mais à condition de les faire partir d'une étude du réel ; pour eux, tout art provient de l'examen de la nature. C'est également dans ce sens qu'ils apprécient tout particulièrement l'art de l'Extrême Orient.

C'est donc tout naturellement qu'en 1859, débute la parution de *L'Art du dix-huitième siècle* en fascicules[4], édité chez Dentu. Il y a en douze et le dernier paraît en 1875, accompagnés chacun de deux ou quatre eaux-fortes reproduisant des œuvres originales du XVIIIe siècle appartenant aux deux frères, à d'autres collectionneurs ou à des musées. Certaines études parurent dans la *Gazette des Beaux-Arts*, ainsi que dans la rubrique des livres du *Supplément* de cette *Gazette*. Les fascicules étaient tirés à deux cents exemplaires, les cuivres étaient détruits après usage pour que les collectionneurs possèdent des pièces originales. Chaque fascicule propose une biographie d'un peintre de ce siècle, il y a entre autres : Boucher, Greuze, Chardin, Fragonard[5], La Tour, les vignettistes Gravelot, Cochin, Eisen et Moreau[6]. Les Goncourt y mêlent biographie et jugements esthétiques, parfois assortis d'envolées lyriques propres à leur style. Chaque fascicule apparaissait au gré des envies des deux frères. En effet, les différents écrits n'étaient soumis à aucun agencement permettant entre eux une continuité. Liés par cette passion commune, les deux frères organisèrent l'écriture au fil des années, entreprise inachevée à cause de la mort prématurée du plus jeune. Edmond de Goncourt continue l'écriture seul mais bientôt, il ne s'en sent plus le courage, du coup, le fascicule envisagé sur le sculpteur Clodion ne verra jamais le jour. "Ce livre a été commencé par deux frères, en des années de jeunesse et de bonne santé, avec la confiance de le mener à sa fin. Tout un mois,

---

[4] Chaque fascicule est de format in-4°, 28x22cm.

[5] Fragonard est le septième fascicule, publié en 1865, les Goncourt ont interrogé Théophile Fragonard, son petit-fils pour préparer cette biographie, ils lui ont également demandé d'authentifier des œuvres de leur collection personnelle.

[6] Ils apprécient tout particulièrement les peintres coloristes.

chaque année, au sortir des noires et mélancoliques études de la vie contemporaine, il était le travail dans lequel se recréait, comme en de riantes vacances, leur goût du temps passé. Et il y avait entre eux deux une émulation, pour définir dans une phrase, pour faire dire à un mot le cela presque inexprimable, qui est dans un objet d'art. C'était leur livre préféré, le livre qui leur avait donné le plus de mal. "[7]

Suite à l'édition de Rapilly de *L'Art du XVIII*^e^ *siècle*, le 21 mars 1874 dans *La Vie parisienne* les lecteurs ont pu trouver cette critique de l'œuvre des frères Goncourt au ton juste :

"Livraison à livraison, ils ont, chaque année, donné à un public de deux cents élus, l'histoire de chacun de ces peintres du dernier siècle : Greuze, Watteau, Saint-Aubin, Fragonard, Boucher, Chardin, Debucourt, Gravelot, Eisen, Moreau, de tous ceux qui ont, sur la toile, raconté la femme du XVIIIe siècle. Avant que l'œuvre fût tout à fait terminée, la mort est venue glacer la main d'un des deux écrivains. Celui qui survivait n'a rien voulu changer, ni ajouter. Edmond de Goncourt vient de republier tel qu'il était à la mort de son frère, ce livre chéri, élevé à l'art de ce siècle. À peine a-t-il caché, à la fin du second volume, des notices où ceux qui ont apprécié leur double talent reconnaîtront que la mort si prématurée d'un des deux collaborateurs n'a rien enlevé au talent de celui qui survit.

Ce livre, *l'Art au XVIII*^e^ *siècle*, n'est ni un catalogue à l'usage des marchands, ni un résumé de ficelles à l'usage des peintres. D'une excessive précision quant aux dates, on n'y trouvera pas une phrase sur la décadence de l'art ni sur la moralité démocratique de la peinture. C'est recréer toute la vie des artistes, toute leur société, le milieu où ils vivent, les femmes dont ils font les portraits, l'intérieur de leur atelier, ce qu'ils pensent et ce qu'ils lisent. De ces portraits, on peut tirer un portrait unique : celui de l'artiste au XVIIIe siècle, digne pendant à ce livre que les Goncourt ont écrit jadis : *La femme au XVIII*^e^ *siècle*.

Je regrette seulement que, dans cette édition nouvelle, on n'ait pu placer les eaux-fortes de Jules de Goncourt, qui faisaient l'ornement

[7] Préface d'Edmond de Goncourt pour *L'Art du XVIII*^e^ *siècle* datée de janvier 1873.

du livre au temps où il paraissait en livraisons ! Ces eaux-fortes qui rendaient avec un sentiment si exquis, une si intime relation avec les maîtres, certains des plus beaux dessins du XVIIIe siècle."[8]

L'Art du dix-huitième fut choisi comme titre pour la parution de l'ensemble des fascicules, il englobait pour la première fois toutes les biographies d'art rangées de manière chronologique et successive. Dans cette réunion de textes se dégage une unité et une vision très personnelle de l'art du XVIIIe siècle. Malgré le fait que les deux frères aient écrit au gré du hasard permettant ainsi une mise à distance d'un quelconque jugement de valeur, cet ordre peut alors paraître absurde. Ainsi le texte intégral de *L'Art du XVIIIe siècle* est dans les éditions suivantes rangé de manière chronologique et l'ensemble de ce qui n'était encore constitué que de fascicules est rassemblé en deux ou trois volumes.

4. "Crayonnage de la vie de Fragonard"

Il existait peu de documents sur la vie personnelle de Fragonard tandis qu'il en existait de nombreux sur le peintre, à la différence du peintre. Les frères Goncourt ont réussi à récolter quelques anecdotes auprès de son petit-fils pour mener à bien leur biographie. Pour cela, ils ont entamé un travail minutieux de recherches historiques sur la vie de cet artiste qui se confiait peu et était plein de modestie. Ils retracent sa vie en tant qu'homme et en tant que peintre à travers quelques œuvres choisies. Avec une écriture à tendance poétique, les deux frères perdent parfois leur objectivité pour laisser parler leurs sentiments. Loin des jugements esthétiques et des théories artistiques, ils ne s'octroient pas la place de critiques d'art, mais en tant qu'hommes de lettres, ils écrivent sur ce qui les touchent.

---

[8] Critique de *L'Art du XVIIIe siècle*, éd. Rapilly, dans *La Vie parisienne,* 21 mars 1874.

Avec cette biographie les frères de Goncourt font acte de témoignage sur la vie de Fragonard. Les faits qu'ils relatent sont précisément datés. En retraçant sa vie, ils ne peuvent en tant que collectionneurs d'art, s'empêcher de se livrer à des descriptions d'œuvres, c'est pour cela que l'on parle de "biographies d'art". Mais cela peut sembler juste, du fait que la vie de l'homme est attachée à la vie du peintre. En ce sens, ce n'est pas une biographie au sens strict, mais elle sert de fil conducteur à l'écriture et d'évolution chronologique. C'est donc tout naturellement que le livre s'ouvre sur sa naissance et s'achève à sa mort. En tant qu'hommes de lettres, les deux frères proposent un texte littéraire, bien écrit, à l'allure d'un roman. Les différentes citations certifient la vérité de leurs propos. Le choix des œuvres permet d'expliquer une vie, mais surtout permet aux deux frères de partager leur passion. Il est important de remarquer qu'ils ont fait un choix d'œuvres très personnel. En effet, plutôt que de choisir de grandes toiles à l'huile, ils ont préféré de petits dessins à la sanguine, au crayon, ou à l'aquarelle. Fragonard se sert de différentes techniques : il utilise tour à tour ou simultanément la sanguine, le lavis brun, la pierre noire. Aujourd'hui, il est commun d'aimer ce genre de petits crayonnés, mais à l'époque, c'était plus rare[9]. C'est une manière originale de faire, à partir d'une biographie d'artiste, un roman artistique.

Selon les frères de Goncourt, Fragonard est "le poète de l'art d'aimer du temps". Car selon eux, la poésie manque au siècle dernier, seuls deux poètes se distinguent, deux peintres, Watteau et Fragonard. Le dessin, chez Fragonard, devient alors "sa plume d'écrivain" et propose des "poèmes libres". Avec lui, c'est toute une société qui se dévoile. En effet, Fragonard est considéré comme l'un des grands maîtres du XVIIIe siècle européen et le représentant d'un certain "esprit français" atteignant sur le marché de l'art international les cotes les plus élevées. Pourtant Fragonard a vu ses œuvres vulgarisées à

---

[9] Aujourd'hui, il est courant de voir des expositions de dessins d'artistes, souvent utilisés comme études préparatoires à l'œuvre finale, alors, les esquisses n'étaient pas considérées comme des œuvres d'art.

l'infini par la gravure et la chromo. Mais cette gloire ne date que du milieu du XIXe siècle et notamment grâce à l'étude des frères Goncourt qui le remit au goût du jour. D'abord encensé par ses contemporains, Fragonard fut vite critiqué par eux, puis quasiment oublié à la fin du XVIIIe siècle. De ce fait, il a été livré aux vulgarisateurs, sa vie et son œuvre ont été réduits à de pures inventions. Avec cette biographie, les frères Goncourt ont permis à Fragonard de reprendre sa place dans l'Histoire de l'art, ils l'ont ramené à son authenticité, il n'est pas simplement l'incarnation séduisante de l'esprit "rococo", il exprime avec sensibilité les recherches et les hésitations de ce demi-siècle de peinture qui va du Versailles de Louis XV au Paris napoléonien.

Ce crayonnage de la vie de Fragonard fait office de témoignage d'un artiste mal connu ou complètement oublié au XIXe siècle. Les Goncourt vouaient un véritable culte à l'art du XVIIIe siècle, leur passion a permis de faire découvrir des artistes trop vite passés de mode. Les œuvres de Fragonard servent de répondant à leur écriture poétique. Emportés par leur passion, les deux frères utilisent leur plume sensible pour faire connaître la vie de cet artiste. À travers cet amour de l'art XVIIIe siècle, c'est tout un art de vivre qu'ils évoquent, avec nostalgie, cet "idéal" d'avant la Révolution.

5. Le Triomphe de l'Amour

Jean Honoré Fragonard est souvent connu pour ses toiles sensuelles. Il est un des maîtres de ce genre, dit "rococo", qui fit la grandeur de la peinture française du XVIIIe siècle. Le rococo est un mouvement artistique touchant principalement la peinture et l'architecture, dérivé du baroque, il se caractérise par un enrichissement décoratif particulièrement chargé. Apparu en France vers 1700, le style se propage en Europe tout au long du XVIIIe siècle.

Le mouvement artistique, appelé rococo, propose l'invention d'un nouveau répertoire ornemental qui entraîne la restructuration des formes dans des formules inédites. Cette volonté caractérise le goût moderne pour l'innovation et une rupture volontaire avec l'esthétique du siècle précédent, une atténuation, puis un rejet du "grand goût" versaillais ou du style monumental italien qui domine en Europe. Le rococo a symbolisé, dès le XIXe siècle, le style par excellence d'un XVIIIe siècle circonscrit aux fêtes galantes, dans le contexte de la Régence et de la première moitié du règne de Louis XV, entre 1715 et 1750 environ. En peinture, le style rococo s'exprima par des chromatismes délicats où les roses, verts et jaunes triomphèrent dans des sujets malicieux et frivoles issus d'une mythologie galante. Parmi les artistes les plus représentatifs de ce style en peinture, Boucher connut un vif succès pour ses scènes intimes découvrant des nus roses et pulpeux, tandis que Fragonard, prétextant des thèmes liés au jeu et à la joie de courtiser, orchestra de savantes chorégraphies dans des clairières feuillues et d'élégantes alcôves. Watteau, lui peignait des toiles délicates inondées de couleurs, représentant des personnages dans un milieu idyllique.

L'originalité et la virtuosité technique des dessins de Fragonard d'une vivacité généreuse fait partie de ce que le XVIIIe siècle appelait "ses gaietés". Graveur lui-même, il réinvente dans l'eau-forte de petits sujets de bas-reliefs antiques, mi-bucoliques mi-anacréontiques ; la mode s'en généralisera dans les années 1780-1800, même en sculpture avec Clodion et Sergel. Les saynètes de Fragonard illustrent avec sensualité et un humour tendre des thèmes à rebondissements. La célébration de l'amour est un thème qu'il variera à l'extrême, selon le sentiment et le style. La volupté s'identifie avec le coloris. La nature se fait complice de la sensualité. La grivoiserie devient espièglerie. Dans sa peinture, Fragonard ne s'embarrasse plus de sujets littéraires : la beauté, la jeunesse et le désir justifient seuls l'urgence et la liberté de la touche, la volupté de peindre. L'esprit du siècle est toujours saisi avec une touche narquoise, une complicité de l'œil qui caresse la matière. L'évocation du plaisir n'exclut pas la leçon de morale, bien au contraire. Joyeux, aimable ou passionné, le sujet est exalté par le bonheur visible de l'artiste animant la matière colorée. Mais ce n'est pas pour autant que Fragonard renonce à l'expression classique. Après 1775, il renoue avec le modelé porcelainé, des maîtres hollandais. Puis, le style linéaire, élancé, de ses figures à l'antique, est nimbé d'un *sfumato* nostalgique, sans autre effet qu'un camaïeu de lumière dorée.

Le style rococo laissa peu à peu la place, notamment à partir de 1760, au style néoclassique. Il disparut totalement avec la Révolution française en 1789. Avec David et son école en France, le courant de renouveau classique international concerne également tous les artistes étrangers formés à Rome. En effet, l'idéal grec et raphaélien, prôné par Winckelmann, s'est alors répandu dans toute l'Europe. La relecture de Pline l'Ancien et la redécouverte de l'art antique conduisent les artistes à rechercher l'épuration graphique de l'image. Fragonard passa aussitôt de mode et tomba dans l'oubli.

Sa longue carrière apparaît comme l'une des plus riches du siècle, et par là se révèle la personnalité d'un génie trop souvent réduit au "chérubin de la peinture érotique" tel que le définissent les frères Goncourt. Son inspiration va de la grande peinture à la scène de genre, en passant par les tableaux religieux, mal connus encore aujourd'hui, elle sait traduire toutes les nuances du paysage. Ce peintre qu'on dit frivole dissimule sous la gaieté la richesse de sa sensibilité et de sa réflexion. Cette quête insistante place Fragonard comme un artiste unique dans l'histoire de la peinture parmi les grands poètes de la tradition occidentale.

Retrouvé aujourd'hui le texte seul, *Fragonard*, tel qu'il a été pensé et écrit par les frères Goncourt reprend son caractère d'originalité. Il fonctionne en tant qu'œuvre autonome, il retrouve tout son sens. "Il est *Frago* tout court et tout intimement." L'œuvre peinte de Fragonard sert alors de répondant à la poétique des Goncourt. "Voir, sentir, exprimer, tout l'art est là", il "est l'éternisation, la fixation dans une forme suprême, absolue, définitive, d'un moment, d'une fugacité, d'une particularité humaine." Cette définition de l'art, formulée par les

Goncourt[10], s'applique au XVIIIe siècle qu'ils contribuèrent à faire aimer. Cette redécouverte de Fragonard au XIXe siècle n'a retenu que le peintre frivole d'une société sur le déclin, ce qui n'est plus le cas aujourd'hui. Fragonard appartient profondément au XVIIIe siècle et cette transfiguration poétique du réel a séduit les deux frères. Il est pour eux un des grands poètes de la peinture française.

Le Port-Samzun Florence

[10] *Journal*, 1865-1866.

I

Les poètes manquent au siècle dernier. Je ne dis pas les rimeurs, les versificateurs, les aligneurs de mots ; je dis les poètes. La poésie, à prendre l'expression dans la vérité et la hauteur de son sens, la poésie qui est la création par l'image, une élévation ou un enchantement d'imagination, l'apport d'un idéal de rêverie ou de sourire à la pensée humaine, la poésie qui emporte et balance au-dessus de terre l'âme d'un temps et l'esprit d'un peuple, la France du XVIIIe siècle ne l'a pas connue ; et ses deux seuls poètes ont été deux peintres : Watteau et Fragonard.

Watteau, l'homme du Nord, l'enfant des Flandres, le grand poète de l'Amour ! le maître des sérénités douces et des paradis tendres, dont l'œuvre ressemble aux Champs-Élysées de la Passion ! Watteau, le mélancolique enchanteur, qui met un si grand soupir de nature dans ses bois d'automne pleins de regrets, autour de la Volupté songeuse ! Watteau, le *Pensieroso* de la Régence ! — Fragonard, lui, est le petit poète de l'*Art d'aimer* du temps.

FRAGONARD

Voyez-vous dans « l'Embarquement de Cythère », en haut du ciel, à demi perdus, tous ces petits culs nus d'Amour, effrontés, polissonnants ? Où vont-ils ? Ils vont jouer chez Fragonard, et mettre sur sa palette la poussière de leurs ailes de papillon.

Fragonard, c'est le conteur libre, l'*amoroso* galant, païen, badin, de malice gauloise, de génie presque italien, d'esprit français ; l'homme des mythologies plafonnantes et des déshabillés fripons, des ciels rosés par la chair des déesses et des alcôves éclairées d'une nudité de femme ! Sur une table, à côté d'un bouquet de roses, laissez le vent d'un beau jour feuilleter son œuvre : des campagnes où se sauvent, dans une fuite coquette, les robes de satin, le regard saute à des champs gardés par des Annettes de quinze ans, à des granges où la culbute de l'Amour renverse le chevalet du peintre, à des prés où la laitière du pot au lait montre ses jambes nues, et pleure, comme une naïade sur son urne brisée, ses moutons, son troupeau, son rêve qui s'envole. A l'autre feuille, une amoureuse, par un soir d'été, écrit un nom chéri sur l'écorce d'un arbre. Le vent tourne toujours : un berger et une bergère s'embrassent devant le cadran des heures, dont de petits Cupidons font le cadran des plaisirs. Il tourne encore : et c'est le joli songe d'un pèlerin endormi à côté de son bâton et de sa gourde, et auquel apparaît un essaim de jeunes fées écumant une grosse marmite... Ne semble-t-il pas qu'on ait l'œil à une optique d'une fête de Boucher, montrée par son élève dans les jardins du Tasse ? Lanterne magique adorable ! où Clorinde suit Fiammette, où des lueurs d'épopée se mêlent aux sourires des *novellieri*' Contes de la fée Urgèle, petits badinages comiques, rayons de

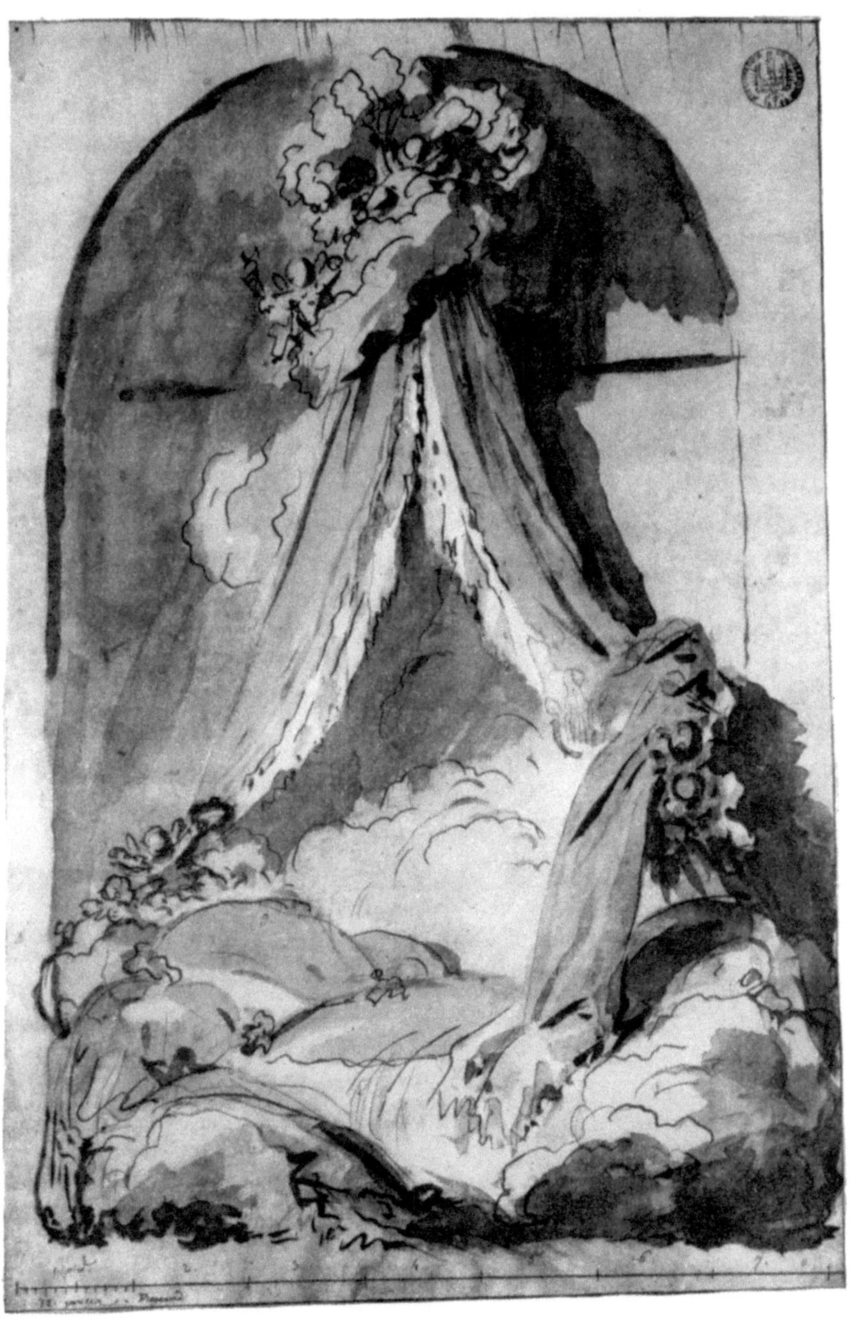

II

gaieté et de soleil qu'on dirait projetés sur le drap où Béroalde de Verville promène sa chercheuse de cerises, — voilà la peinture de Fragonard. Le Tasse, Cervantes, Boccace, l'Arioste, l'Arioste tel qu'il l'a dessiné, inspiré par l'Amour et la Folie, elle rappelle tous ces génies de bonheur. Elle rit avec les libertés de La Fontaine. Elle va de Properce à Grécourt, de Longus à Favart, de Gentil-Bernard à André Chénier. Elle a comme le cœur d'un amoureux et comme la main d'un charmant mauvais sujet. Le souffle d'un soupir y passe dans un baiser. Et elle est jeune d'une éternelle jeunesse : elle est le poème du Désir, poème divin ! Il suffit de l'avoir écrit comme Fragonard, pour rester ce qu'il sera toujours : le Chérubin de la peinture érotique.

II

JEAN-HONORÉ Fragonard est né à Grasse en Provence (5 avril 1732). Riante patrie ! un verger de lauriers, d'orangers, de citronniers, de grenadiers, d'amandiers, de cédratiers, d'arbousiers, de myrtes, de bergamotiers, d'arbres à parfum ; un jardin de tulipes, d'œillets éblouissants de couleurs inconnues du Nord, et poussant seulement dans le parterre des Alpes ; une campagne embaumée des aromes du thym, du romarin, de la sauge, du nard, de la menthe, de la lavande, et toute murmurante du jet de ses innombrables fontaines ; une terre « entre-tissue de vignes », — c'est le mot dont la peint le prêtre de Marseille, Salvien, — de vignes sous lesquelles passent et repassent les grands troupeaux promenés de la basse à la haute Provence ; une terre ayant cet horizon d'azur : la Méditerranée ! Nature de joie, pays de plaisir, égayé de bruit, de rires, de musiques et de musettes, plein du bonheur gai, bavard, chantant et dansant, de ce peuple qu'on voit, au XVIIIe siècle, mener la vie comme une fête de Pan, sous le ciel le plus pur et le plus doux de l'Europe ! Et quel berceau, dans ce jardin, que le berceau du peintre, sa ville nourricière : Grasse ! cette distillerie dans un paradis ; la Grasse des odeurs, des sucres et des essences, de la parfumerie et de la bonbonnerie ; Grasse avec ses étages de jardins, les fruits d'or et les floraisons d'argent de ses hautes forêts d'orangers libres, et le serpentement de la Foux dans la verdure de ses immenses prairies, et sa vue au midi, dont le large embrassement touche Monans, la Mougins, Châteauneuf, la plaine de Laval, le sombre Esterel, et s'en va mourir au loin, dans cette infinie douceur de bleu, — qui est la mer où baigne l'Italie !

Fragonard naît là, et il naît de là. Il puise à cette terre, dont il sort, sa nature, son tempérament. Il grandit en s'imprégnant de cette atmosphère des pays chauds, de ce climat qui remplit le pauvre et le nourrit presque de sa sérénité. Et l'on reconnaît dans tout son Œuvre le peintre qui a reçu tout jeune la bénédiction d'un ciel méridional, le coup de jour de la Provence. Il reflète la gaieté, le bonheur de la lumière, comme un homme qui y a trempé pendant toute son enfance. Rien qu'à voir une esquisse de lui, on sent une chaleur, presque un parfum, l'odeur du pays dont il vient. Il a dans la main le reflet, dans l'esprit la flamme de son soleil. Sa palette ne joue que sur le blanc, le bleu, le brun rouge du Midi. L'éclair de ses tableaux, c'est l'éclair qui court sur les orangers ; et qu'il ouvre une fenêtre dans un de ses intérieurs ou dans le fond d'un conte de La Fontaine, sa fenêtre semble toujours donner sur un paysage de Provence et s'ouvrir à l'Italie. Ses personnages rustiques ont le déshabillé de la vie en plein air, la demi-nudité des pays bénis où l'on foule le blé en plein champ. Ici et là, dans un coin de son œuvre, passe le chapeau blanc provençal, le bonnet du marin de la Méditerranée. Ses scènes, il aime à les placer, à les grouper sous ces architectures cintrées, ces voûtes basses, ces cavées, ces antres romans où le Midi cherche l'ombre et le frais. Ses fonds, il les meuble de la vaisselle de terre cuite que retrouvent ses souvenirs, et, le plus souvent, il y dresse les grandes jarres qui, là-bas, gardent le vin et l'huile. Peint-il une scène de nature, il y jette sa patrie, il y brouille, il y enlace la végétation vive, les broussailles folles et fortes ; il y emmêle le fouillis vert et fleuri qui croît et se mouille aux fontaines de Traconnade, de la Foux, de Merveilles ; et sa plante bien-aimée, la plante qui revient toujours dans ses compositions avec le caprice et le retour qu'elle a dans un album japonais, c'est la grande herbe frissonnante, légère, échevelée, d'élancement oriental, qui frappa ses yeux d'enfant aux bords des canaux de la Provence : le roseau. Il semble en avoir rapporté des brassées pour en encadrer son œuvre.

Tout ainsi chez lui, sa palette, son imagination, sa fleur d'idées, de sentiments, de couleurs, vient du Midi ; et ne dirait-on pas que toute sa peinture a été improvisée, sous l'azur du ciel, sur un chevalet posé dans un jardin, entouré du bonheur de l'air, de la respiration de l'été, de musiques et d'échos où s'éteignaient ensemble une chanson de troubadour, une *canzone* de Pétrarque, le dernier soupir des Cours d'amour et le bruit d'harmonie des eaux de Vaucluse ?

Mais ce n'est pas seulement le peintre, c'est aussi l'homme que je veux retrouver dans son acte de naissance. Son pays, — la Provence, qu'on appelait la

FRAGONARD

Gueuse parfumée, — n'est-ce pas la fée qui le baptise ? Il me paraît tenir encore du sol natal autre chose que son talent : sa race, son humeur, la grâce de sa destinée, sa bienveillance, une nature heureuse de vivre, une gaieté qui flotte sur le sérieux de la vie, un doux entêtement à faire son chemin, une activité sans hâte, une organisation paresseusement travailleuse, l'ambition de ne cueillir que le plaisir de l'art et de la vie, l'amour d'une existence coulante et sans effort, le sans-souci de l'avenir, — tout cela relevé, soutenu d'audace, et de cette gaie confiance dans la Providence qui lui faisait répondre plaisamment, quand on l'interrogeait sur ses débuts et la façon dont il s'était formé : « *Tire-toi d'affaire comme tu pourras, m'a dit la Nature en me poussant à la vie.* »

III

Le père de Fragonard était négociant à Grasse. Il mit toute sa petite fortune dans la spéculation des frères Périer, l'établissement de la première pompe à feu à Paris. La spéculation ayant complètement échoué, il vint à Paris avec sa femme, pour tâcher de rattraper quelque chose de ses fonds engagés dans la malheureuse affaire. Mais il eut, à cette poursuite, si peu de succès, qu'il se vit réduit à entrer comme commis chez un mercier. Son fils avait alors près de quinze ans. Ne sachant comment l'élever, il le plaça petit clerc chez un notaire. Mais le petit clerc, au lieu de grossoyer, ne faisait que des caricatures. A la fin le notaire engageait les parents à le placer chez un peintre. Sa mère, un beau matin, le menait chez Boucher ; mais Boucher lui disait qu'il ne montrait pas l'A B C, qu'il prendrait son fils quand il aurait appris les premiers éléments de la peinture. Sa mère alors allait le présenter à Chardin, qui le prenait pour charger sa palette, et ne lui donnait, tout Chardin qu'il était, que des estampes du temps à dessiner, seule éducation que l'élève trouvait alors dans les ateliers. Là, Fragonard, sans goût pour la peinture et les sujets de son maître, ne fit rien que paresser, et annonça si peu son talent, que Chardin déclara à ses parents qu'il n'y avait rien à en faire et qu'il ne réussirait jamais. Mais, tout en étudiant si mal chez Chardin, Fragonard passait une partie de son temps, qu'on croyait perdu, dans les églises de Paris, regardait les tableaux, les emportait dans sa mémoire, et chez lui les repeignait de souvenir. Un jour il se décida, muni de quelques esquisses ainsi peintes, à se présenter chez Boucher, qui, cette fois étonné, l'accepta et l'occupa à ses grandes peintures commandées par la manufacture des Gobelins, auxquelles il faisait travailler ses élèves. Tel fut le véritable apprentissage de Fragonard. Sa palette se forma à l'école de la peinture de tapisserie. Au bout de deux ou trois ans, Boucher lui dit : « Concours pour le prix de Rome » ; et comme Fragonard lui objectait que, n'ayant pas suivi les cours de l'Académie, il ne pouvait concourir : « Ça ne fait rien, tu es mon élève », répondait péremptoirement Boucher. Sur le mot de son maître, Fragonard concourait en 1752, et il remportait le prix à l'âge de vingt ans, sans avoir été admis aux cours de l'Académie, fait extraordinaire et sans doute unique dans l'histoire des prix de Rome. Il avait eu à lutter contre Gabriel de Saint-Aubin, qui n'eut que le second prix. Le sujet du concours était « Jéroboam sacrifiant aux idoles ». On voit ce tableau à l'École des Beaux-Arts. L'animation des groupes, la fougue des draperies, la pompe nuageuse des architectures, les blancs, les rouges, la couleur d'un de Troy plus vaporeux, plus *gouacheux*, promettent déjà beaucoup du peintre que fera Fragonard.

Le voilà aussitôt en Italie ; mais ce joli peintre de pratique, jeté à Rome en face du modèle, perd tout à coup la tête, et si bien, que Natoire, surpris de la faiblesse de ce qu'il fait d'après nature, en vient à l'accuser d'avoir trompé les académiciens, de n'être pas l'auteur du tableau qui l'a fait envoyer à Rome. Il le menace d'écrire à Paris, et Fragonard obtient à grand'peine de lui un délai, un sursis de trois mois. Ces trois mois, il les emploie à travailler jour et nuit, d'après le modèle, d'après l'écorché. Natoire voit bientôt qu'il s'est trompé, lui accorde son amitié ; et c'est à lui que Fragonard devra la prolongation de son séjour à Rome.

Au fond, en ces commencements, l'élève de Boucher se trouvait dépaysé à Rome. Les grands maîtres lui parlaient une langue trop sévère et qu'il ne comprenait pas. Il l'avouait à son retour : les peintures les plus renommées lui parurent d'abord tristes et monotones, et le découragèrent entièrement. « *L'énergie de Michel-Ange m'effrayait*, disait-il ; *j'éprouvais un sentiment que je ne pouvais rendre, en voyant les beautés de Raphaël, j'étais ému jusqu'aux larmes, et le crayon me tombait des mains, enfin je restai quelques mois dans un état d'indolence que je n'étais plus le maître de surmonter, lorsque je m'attachai à l'étude des peintres qui me donnaient l'espérance de rivaliser un jour avec eux: c'est ainsi que Baroche, Piètro de Cortone, Solimène et Tiepolo fixèrent mon attention.* »

Une fois que Fragonard a trouvé ces décadents de grâce plus accessible, il vit avec eux. Il les étudie, les interroge. Il les copie, il les pénètre. Il entre dans leurs toiles, et les dépouille presque. Il prend à Tiepolo son esprit, son pétillement ; à Solimène, il emprunte la volupté de son pinceau ; à Piètro de Cortone, ses rayons tremblants, sa lumière indécise et dansante ; à Baroche, son barbotement céleste et la *vaguesse* de sa peinture flottante. Ce travail passionné où il approche les maîtres qu'il aime et les serre de tout près, lui apprend à saisir leurs secrets, leur manière, à retrouver leur faire, leurs procédés, leur main même sous sa main. Et c'est ainsi qu'il devient le peintre qui, un jour, jettera sur la toile un Rembrandt dans l'or fumé de sa lumière, ou bien y mettra la vie pourprée d'un Luca Giordano ; pasticheur inspiré qui aura toujours, même dans sa peinture personnelle, le souvenir et le secours de cette familiarité avec la technique de ses maîtres.

Ce sont des copies, ce sont des dessins. Fragonard dessine dans les palais, dans les églises, dans les musées, allant de Raphaël à Lanfranc, et de Corrège au Caravage, amassant ces milliers d'études, ces bistres enlevés en courant, quelquefois carminés de laque, ces sanguines roulantes, ces pierres d'Italie fouettées et sabrées de crayonnage, toutes ces croquades joliment francisées et pimpantes de ce *flamboyant* apporté de l'atelier de Paris. Mais ce n'est pas assez : en concurrence avec Hubert Robert, Fragonard court et bat les vignes, les villas, les fabriques ; et là encore, sa grasse sanguine trouve à tout coin de chemin de quoi couvrir le papier. Sous ses crayons, sous ceux de Robert, la désolation de cette grande terre de Rome se met à sourire comme ce qu'on appelait le *Désert* dans les parcs du XVIIIe siècle. Plus rien de majestueux, mais plus rien de triste : sous le badinage et la légèreté de leur étude, la ruine joue avec la verdure ; la tombe antique égaye le paysage ; l'archéologie ne reconnaît plus ses reliques ; les monuments deviennent un décor. L'esprit des deux peintres français met à tout ce qu'ils voient cette imagination du joli qu'a leur temps ; et pour leur temps, il n'y a point d'autre Rome que celle qu'ils ont peinte, pareille à un poulailler de Boucher dans des démolitions d'arc de triomphe. Aussi est-ce à eux que va l'abbé de Saint-Non dès qu'il arrive en Italie. De 1759 à 1761, ils deviennent les dessinateurs en titre de tout ce qui arrête en route l'admiration ou la curiosité de l'abbé. Ils sont ses commensaux, ses hôtes, le crayon toujours en main, dans ses séjours de plusieurs mois à Tivoli, à la villa d'Este, que lui prête l'envoyé de Modène. Ils sont ses compagnons de voyage dans le midi de l'Italie, les amis qui lui dessinent, pour la gravure de son grand livre, Hubert Robert la campagne, Fragonard les musées de Naples.

Au milieu de ce travail passionné, de cette production incessante, au travers de ces études d'après nature, de ces esquisses, de ces vues, de ces paysages, de ces copies, de ces croquis, cette main de Fragonard, toujours allante, toujours vive, attaque encore le cuivre, à l'imitation des maîtres italiens se reposant du pinceau avec la pointe, et peut-être à l'encouragement de Saint-Non, l'aimable aquafortiste. Il y avait alors à Rome comme un petit foyer de spirituelle gravure, qui invitait à l'eau-forte nos peintres français si longtemps rebelles à jeter leurs caprices sur le cuivre. C'est là que Vien, en 1748, immortalisait dans sa série de planches l'ingénieuse mascarade de l'école de Rome, qui avait arraché aux ambassadeurs des puissances en guerre avec la France la reconnaissance de notre goût et le cri de : *Vive la France!* De Rome encore sera daté en 1764

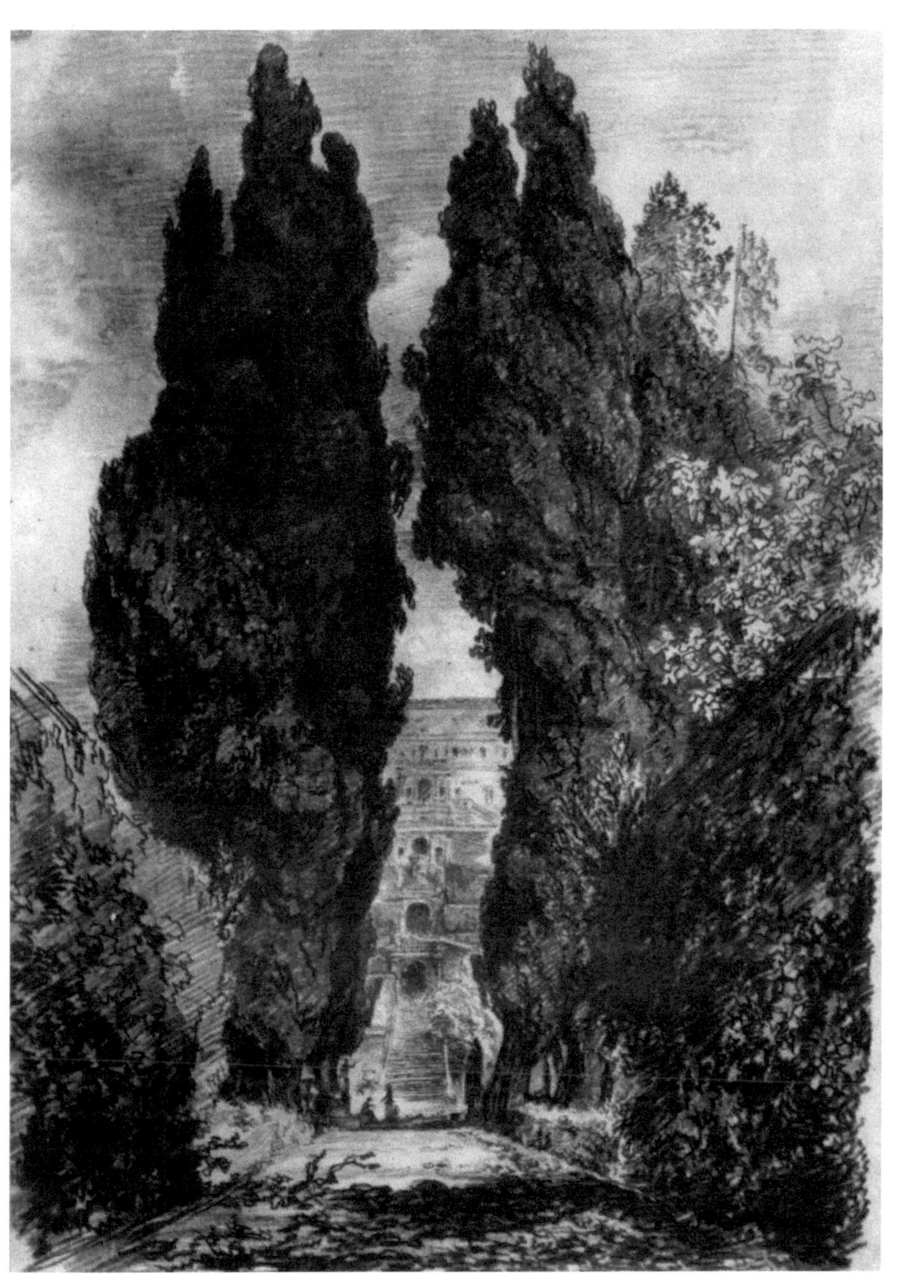

ce joli petit livre, hommage des pensionnaires du roi saluant l'arrivée de Mme Lecomte, la maîtresse de Watelet. Tous s'y mettront, Weirotter, Durameau, Hubert Robert, Radel, pour jeter les allégories, où flotte dans le ciel, au-dessus de la voyageuse, un amour chargé d'un carton de dessins; Subleyras et Lavallée, Poussin, pour entourer les sonnets italiens d'encadrements d'idylles, d'arabesques tombant dans des vues de Rome, de frises courantes où se dessinent des nymphes grandes comme l'ongle, où sourient des minois d'amours sous la tiare papale. C'est entre ces deux livres et tout près du dernier que Fragonard s'essaye et se trouve avoir, du premier coup, la pointe libre et griffonnante des Vénitiens. Il grave des Tintoret, des Lanfranc, des Ricci, des Carrache. Il grave et regrave des Tiepolo, son maître de gravure, tout cela en petites planches, grattées au vol, qui ressemblent au croquis fixant un souvenir et une impression sur une page d'album. Puis, dans le format et l'espace d'un billet de visite, il jette quelque jardin de villa abandonnée, un dôme d'arbres, une épaisseur d'ombre avec un trou de jour, une terrasse où dort, caressée de verdures pendantes, la statue oubliée d'un dieu ; et sous le travail brouillé de son aiguille, son *grignotis*, comme disait le temps, le petit paysage pétille de lumière et de vie, avec ses cascades de branches, son fouillis d'herbe, et ses rampes à balustres que gardent allongés deux sphinx.

Mais ne le jugez pas encore là : il faut le voir où il est adorable, dans ces quatre planches de satyres, dans cette suite d'eaux-fortes gravées en Italie en 1763. Ici deux satyres accroupis sur leurs pieds de bouc font un siège de leurs bras noués à une nymphe qui enjambe, avec un écart de volupté, en se soutenant de ses fines petites mains sur les muscles de leurs biceps. Là, à l'ombre, et comme sous le penchement d'un roseau incliné laissant pendre les lances brisées de ses feuilles, un satyre soulève une enfant et lui fait donner sa petite main à un faunin que tient une petite nymphe agenouillée d'un genou, une cuisse chatouillée du sabot du faunin, toute riante de l'ingénuité d'un jeune corps antique. Puis c'est, dans un ovale, un satyre élancé, les mains appuyées au dos d'un jeune homme ; il se retourne pour embrasser une nymphe qui le chevauche et qui se retient à lui de ses jambes croisées autour de ses reins. Dans le cadre écorné par les branchages que l'on voit après, un satyre ithyphallique, une jambe levée et le sabot piaffant la mesure d'une *cordace*, serre contre lui deux enfants dormant sur ses épaules et dont les petites têtes laissent passer son sourire de nourrice ivre ; devant lui, précédé d'un faunin, les jambes, les bras en l'air, folle de tout son petit corps, une nymphe comme envolée dans sa danse, un pied jeté en avant, la poitrine et la tête retournée en arrière, élève des deux bras en l'air la musique d'un cistre.

Idées légères comme les plus légères de l'Anthologie ! Bas-reliefs délicieux auxquels la pointe du graveur a fait un si joli cadre de verdure, de nature, d'abandon et de désordre ! Ne dirait-on pas de divines terres cuites tombées dans l'herbe du socle d'un Priape ? Ou plutôt, avec leur entourage de mousse, de liserons, de roseaux, de fraîcheur aquatique, ne font-elles pas penser à des pierres gravées ramassées par le peintre français dans la grotte des nymphes où se baignait Chloé ?

Sorti d'Italie, revenu à Paris, Fragonard ne trouve

plus le temps de toucher à la pointe. Il n'a plus le loisir ni la patience de l'eau-forte. Il n'y revient guère que pour aider de son adresse et de son expérience la main de sa belle-sœur. Une seule grande planche lui échappe en 1778, L'ARMOIRE, où, sous un travail serré et léger de fine vermicellure, dans une harmonie claire, sur des fonds endormis de grandes teintes plates, il lance un père et une mère irrités, le père avec un gourdin à la main, contre le jeune homme surpris, et tout penaud, risquant un pied hors du bahut rustique, auprès duquel une fille de campagne pleure niaisement dans son tablier ; drame de village que regarde, au delà d'un grand lit de ferme, par une porte entr'ouverte, une bande de marmots curieux, le nez en l'air dans un coup de soleil.

L'étude de l'Italie, copies, dessins, eaux-fortes, n'empêchait pas Fragonard de créer et de peindre. Nous trouvons dans le Journal du duc de Luynes, à la date du 29 avril 1755, mention d'un tableau de Fragonard, envoyé de Rome : « le Sauveur lavant les pieds à ses Apôtres », exposé dans l'appartement du Roi, selon l'usage, avec les autres envois des élèves de l'Académie. Il composait encore, terminait patiemment quelques petits tableaux, quelques jolies scènes d'intérieur, dont l'une passait en 1785 à la vente de M. le bailli de Breteuil. On y voyait, dans une chambre rustique, un jeune garçon cherchant à embrasser une jeune fille, à lui prendre le baiser qu'il lui avait gagné au jeu, sur le coup de cartes étalé sur la table. La jeune fille se débattait, mais une amie, en riant, lui prenant les bras, la forçait à payer sa dette. Une note du catalogueur disait le tableau peint en Italie par Fragonard, et sans doute acquis par M. le Bailli dans son séjour de vingt ans là-bas. Ce tableau « l'Enjeu perdu », repassait l'an dernier, sans que l'on en sût la provenance, à la vente du docteur Aussant, et il étonnait le public par le précieux, le moelleux, le fini d'un faire rare chez Fragonard, contraire à ses habitudes et presque à son tempérament. La petite toile se jouait finement sur la gamme de suavité des violets pâles, des jaunes paille, des verts de mousse, des roses tendres expirant dans l'adorable défaillance de la rose-thé ; elle semblait peinte avec la palette nuée du maître du *sfumato*, du grand peintre des Assomptions et des Nativités. Fragonard avait cherché la fonte du moelleux espagnol, la vapeur de ses lumières, ces tons comme enveloppés d'une gaze. Le corsage, les manches blanches de la femme embrassée, sa jupe jaune, son jupon rouge, les visages et les chairs, toute cette gaieté de couleur doucement flambante dans une lumière de groseille faisait penser à une miniature de Murillo.

Murillo, on le voit clairement dans ce petit tableau, est alors l'admiration, la séduction du jeune peintre, une séduction dont il ne se détachera jamais tout à fait, même à l'heure de sa peinture pochée et cursive. Il lui restera toujours l'amour de ces couleurs volatilisées, de ces tons aspirant à une tendresse céleste ; toujours ce goût de Murillo qui lui inspire encore en Italie sa peinture religieuse, cette « Visitation de la Vierge » achetée par Randon de Boisset, et cette « Adoration des Bergers » faisant accourir Paris à la galerie du marquis de Veri.

IV

En dépit de tout ce travail, de tout cet art qu'il semait là-bas, des mille dessins de « ses crayons flatteurs », le jeune artiste n'était guère connu au delà de l'Italie, au delà de cette patrie d'adoption où il s'oubliait cinq ans. Son nom, Paris l'ignorait presque. Mais Fragonard ne lui donnait pas le temps de l'apprendre. Il enlevait le succès et la célébrité d'un coup, avec son tableau de CALLIRHOÉ, le tableau « d'agrément » qui le faisait recevoir à l'Académie par acclamation, ce tableau qui, au Salon du mois d'août, enthousiasmait tout le public et avait l'honneur d'une commande royale de reproduction en tapisserie des Gobelins.

Imaginez un vaste tableau de neuf pieds de hauteur sur douze pieds de largeur, où les figures humaines ont leur grandeur, l'architecture son déploiement, la foule et le ciel leur espace. Entre deux colonnes d'un marbre miroitant et de reflets presque irisés, au-dessus de la pourpre sourde d'un tapis à franges d'or, étendu et cassé à l'arête de deux marches, s'ouvre cette scène de drame antique qui semble avoir sous les pieds un rideau de théâtre. Sur le tapis, sur cette nappe de l'autel païen, s'enlève un cratère de cuivre, près d'une urne de marbre noir à demi voilée de la blancheur d'un linge. Une colonne coupe par la moitié un grand candélabre fumant d'encens et orné de têtes de bouc, bronze superbe qu'on dirait arraché à la lave d'Herculanum. Contre le candélabre, un jeune prêtre se précipite et s'agenouille, embrassant son piédestal ; de terreur il a laissé tomber son encensoir à terre. A côté de lui, debout, est le grand prêtre Corésus, couronné de lierre, enveloppé de draperies, et comme flottant dans la blancheur sacerdotale de ses vêtements ; un prêtre imberbe, de sexe douteux, de grâce hermaphrodite, un énervé d'Adonis, une ombre d'homme. D'une main retournée, il s'enfonce le couteau dans la poitrine ; de l'autre il a l'air de jeter sa vie aux cieux, tandis que sur son visage de demi-femme passe la faiblesse de l'agonie et la douleur de la mort violente. Contre le grand prêtre qui meurt, est la victime vivante, mais évanouie, presque morte de croire qu'elle va mourir. La tête abandonnée sur l'épaule, elle a glissé devant l'autel qui fume. Son corps a molli sur ses jambes pliées, ses bras ont roulé le long d'elle ; son regard s'est perdu, la volonté de ses membres est brisée ; et elle est là, affaissée, sans mouvement, la gorge à peine soulevée par un souffle, pâlissante sous la couronne de roses que le pinceau du peintre fait pâlir avec elle. Entre son corps et l'autel, un jeune prêtre se penche dans une curiosité d'horreur. Un autre qui tenait sur un genou, devant la jeune fille, le bassin attendant le sang des victimes, demeure épouvanté, le regard fixe, la

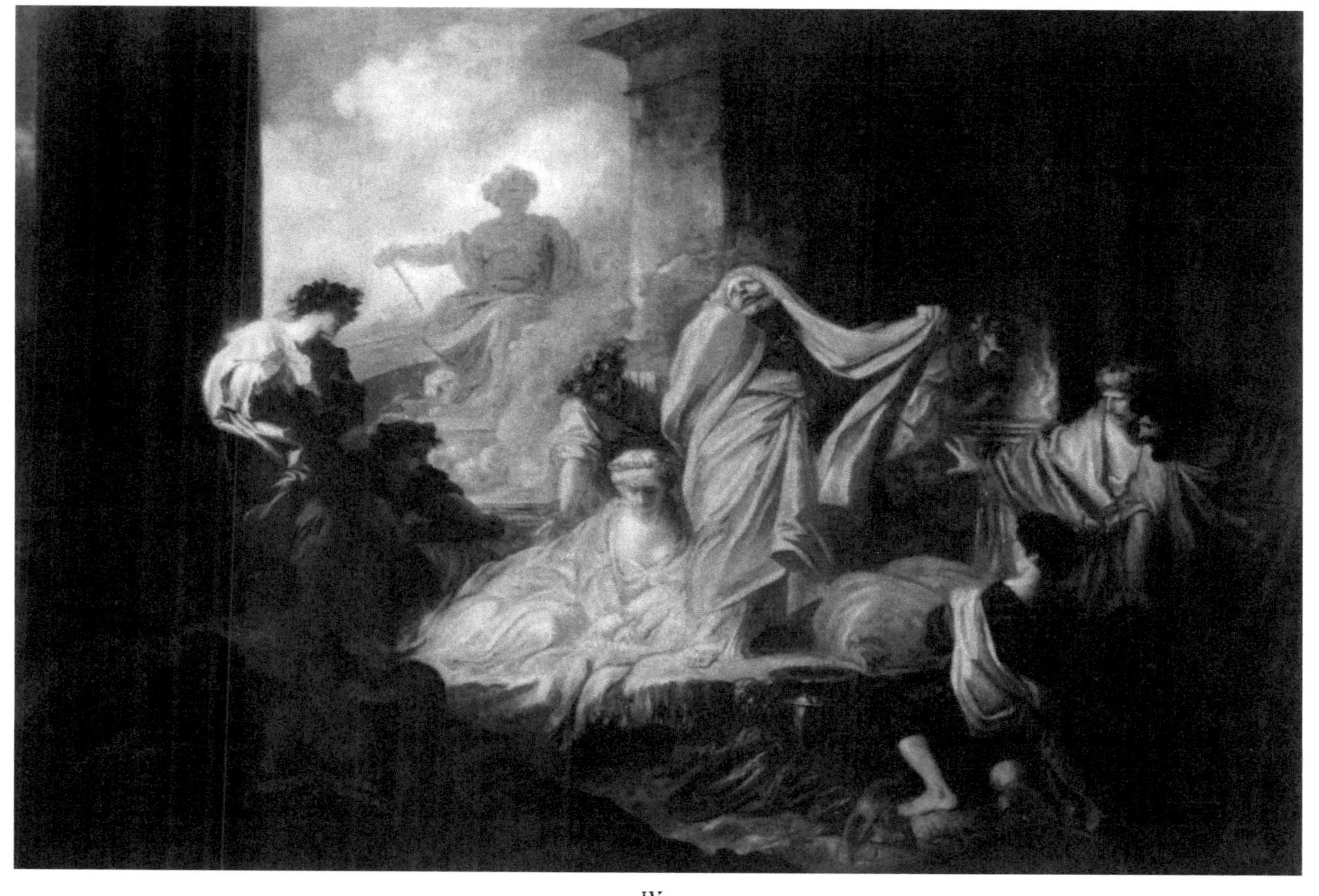

IV

bouche béante. Par derrière, des figures de vieux prêtres à barbe grise se montrent, effarés, l'affreux spectacle. Au-dessus d'eux, les fumées du temple, les flammes, les parfums, les évaporations d'autel, se rejoignent dans le ciel à des nuées, à une nuit de miracle et d'enfer, agitée et roulante, au tourbillon ardent et sombre où un génie, brandissant une torche et un poignard, emporte l'amour dans le sillon de son vol sombre et de son manteau noir. De cette ombre, allez à l'ombre du bas du tableau : deux femmes s'y tordent de peur, reculent, se voilent la face ; un petit garçon se sauve contre leurs genoux, se cramponne à elles, et un coup de soleil, accrochant le bras de l'une des femmes, allume la chevelure et les deux petites mains roses de l'enfant.

Telle est cette grande composition de Fragonard, ce coup de théâtre dont il a dû prendre l'idée et peut-être l'effet même à une des reprises de la *Callirrhoé* du poète Roy ; vraie peinture d'opéra, demandant à l'opéra son âme et sa lumière. Et pourtant quelle magnifique illusion que ce tableau ! Il faut le voir, embrasser de l'œil au Louvre la claire et chaude splendeur de la toile, le rayonnement laiteux de tous ces blancs habits de prêtres, la lumière virginale inondant le milieu de la scène, mourant et palpitant sur la Callirhoé, enveloppant ce corps défaillant comme d'un évanouissement de jour, caressant cette gorge qui s'éteint. Les rayons, les fumées, tout se mêle ; le temple fume ; les vapeurs de l'encens montent de partout. La nuit roule sur le joũr du ciel. Le soleil tombe dans l'ombre et fait des ricochets de flamme. Les réverbérations d'un feu de soufre illuminent les visages et la foule. Fragonard jette à poignées, sur son coup de théâtre, les éclairs de la féerie : c'est Rembrandt chez Ruggieri.

Et quel mouvement, quel envolement, dans cette peinture agitée, bouleversée ! Les nuages, les étoffes tourbillonnent ; les gestes se précipitent ; les attitudes sont éperdues ; l'horreur tremble dans les poses, sur les bouches, et il y a comme un grand cri muet qui se lève de tout ce temple et de cette composition lyrique.

Ce cri d'un tableau si nouveau pour le XVIIIe siècle, c'est la Passion. Fragonard l'apporte à son temps dans ce tableau, plein d'une tendresse tragique, où l'on croirait voir la mise au tombeau d'Iphigénie. La fantasmagorie de sa Callirhoé fait remonter l'art à l'émotion de l'Alceste d'Euripide ; elle montre à la peinture française un avenir : le pathétique.

V

Le Salon fermé, la curiosité s'occupe et s'inquiète du tableau que le « nouvel auteur » apportera au prochain Salon. C'est un grand sujet de questions, d'interrogations ; et le public est fort désappointé quand, en 1767, il se trouve en face d'un tableau ovale représentant des groupes d'enfants dans le ciel. Ce tableau que Diderot compare « à une belle omelette bien douillette, bien jaune et bien brûlée », nous pouvons le deviner, le revoir dans ce groupe de trois Amours conservés à Oisème chez M. C. Marcille, et dont M. Walferdin possède une répétition. Imaginez un Boucher fricassé, rissolé, recuit, teinté de pourpre vénitienne, battu d'ailes de saphir. Car Fragonard a beau vouloir lui échapper : son maître remonte sur lui. La manière, le coloris, le *lait* de Boucher, le dominent, alors que Fragonard croit l'oublier. Boucher perce, transparaît, surnage au milieu de ces spirituels emprunts aux petits maîtres italiens, et même délaye chez lui aux derniers temps la roussissure de Rembrandt. Combien d'incertitudes sur nombre d'esquisses indécises, comme indivises entre les deux peintres ! Certains tableaux de Fragonard, LA BASCULE et LE COLIN-MAILLARD par exemple, qui ne les donnerait à Boucher, sans la signature que le graveur a mise au bas des planches ? La mode du goût actuel a beau chercher à rabaisser le Maître au profit de l'élève : Boucher, ne l'oublions pas, reste le père de la palette de Fragonard. C'est des entrailles roses de la peinture de Boucher qu'est sorti le charmant peintre qui devait mettre de la vie dans ses ordonnances, animer l'immobilité de ses compositions, passionner ses mythologies, les enflammer de sa verve méridionale et presque gasconne.

Grande est la déception devant l'envoi du peintre, dont le travail de deux ans promettait quelque grande machine, un tableau d'histoire, une nouvelle tragédie. On se demande quelle est la cause du renoncement, de la démission d'un artiste s'annonçant avec tant de fracas ; on la cherche dans le goût du plaisir. Bachaumont veut que Fragonard ait le même motif de paresse que Doyen amoureux de Mlle Hus. Ne serait-il pas plus juste d'attribuer cette abdication du grand peintre de l'histoire à un retour de Fragonard sur lui-même, à une reconnaissance modeste et sage de son génie et de sa véritable vocation ? Il avait fait le tour de force de CALLIRHOÉ ; il s'y tenait et ne jugeait pas à propos de le recommencer. Au fond, la grande peinture, il le sentait, n'était pas son vrai domaine. Il l'avait abordée avec des qualités plus saisissantes, plus éblouissantes que solides. Une plus petite scène convenait mieux à son talent de premier mouvement, à son dessin jeté, à ses jeux de lumière. De nature, il se reconnaissait improvisateur. Son grand succès, son triomphe, au lieu de l'abuser, lui avait donné sa mesure : sa vraie gloire, il la vit, tenant à l'aise, avec ses imaginations, dans le cadre d'un tableau de chevalet.

Ajoutez à ce qui décida le peintre, ce qui lia l'homme à la petite peinture et le fit devenir le peintre des fermiers généraux : un peu de mollesse, une sorte de lazzaronisme, la fatigue et l'ennui du grand effort, cette belle insouciance que le temps donne à ces artistes et surtout à Fragonard, l'insouciance de la grande fortune d'argent ou de nom, de l'avenir, de la postérité, de tout ce qui fouette l'activité moderne et la brûle de fièvre. Agréé, il ne se donne même pas la peine de devenir académicien : voilà Fragonard et son ambition. Son œuvre lui échappe sans luttes, sans tourment d'amour-propre. Ce qu'il produit lui coûte si peu, que l'art est son amusement plus que sa vanité. L'immortalité, y pensait-il ? Il n'a pas songé seulement à lui donner tout son nom : il lui en jette seulement la moitié à l'oreille : *Frago*, — c'est sa signature négligente et familière.

Donc plus de peinture d'histoire, Fragonard y renonce pour ressusciter, dans des toiles moindres, le joli monde de convention, né d'un conseil de Mme de Pompadour, sous les pinceaux de Vanloo, dans « la Conversation espagnole ». Et tout l'esprit du siècle ne revient-il pas à cette fausse et charmante Espagne de Vanloo ? La mise en scène de sa Conversation, Beaumarchais la reprend pour son délicieux tableau de la chanson à Madame. Fragonard badine avec cette espagnolerie flottante dans la mode de tout le siècle, sautant des productions d'Eisen père à l'honneur d'habiller Figaro. Il en jette les couleurs, les pompons, les rubans au dos de ses personnages, comme une mante d'incognito et un habit de théâtre retrouvés par le costumier des Menus dans une garde-robe du château d'Aguas Frescas. Rien d'aussi léger, d'aussi piquant, que la façon dont il joue avec les soies chatoyantes, les miroitements du satin, les plumes des toques, les manteaux, les pourpoints, les crevés éclatants, les corsages marron aux manches jaunes de soufre ; vestiaire d'un carnaval de Séville des romans, où le peintre mêle une opulente friperie XVIe siècle au clinquant de topaze brûlée que Rembrandt fait rayonner au corsage de ses portraits de femme. C'est dans ce goût plein de *brio* que Fragonard exécute ses « Leçons de clavecin », ses scènes d'intérieur, ébauches et débauches de couleurs tendres, où il déguise et dépayse si joliment l'amour du temps, que la peinture, les jolis *meubliers* d'art d'alors aiment tant à montrer, dans la vérité de son costume, la couleur locale de son milieu, sa mode de la minute.

Fragonard pourtant ne met là que son esprit. Son génie est ailleurs, plus haut, dans le nuage de la Fable. Ses petits tableaux s'élèvent au ciel du XVIIIe siècle, un ciel de plafond : l'Olympe de Louis XV.

VI

Le temps de Louis XV, par ses sens, ses goûts, ses aventures, retourne à la mythologie. Du volume comme du meuble, de la métaphore comme de l'ornement, de l'art comme de l'archéologie, des événements de la cour comme des mœurs de la nation, se lève un souffle de paganisme. Le nuage de Psyché, et Psyché elle-même reparaît à Versailles. Toutes les colombes de la Grèce reprennent leur vol, au bout des rimes, au coin des toiles, au chevet des lits. Paris s'efface et signe ses livres de Cnide. Cythère touche à tout, baptise tout, plane sur tout. Un moment dans le siècle, il semble entendre chanter à tous les arts de la France, à toutes ses pensées, un prodigieux cantique de volupté, une immense *Pervigilium Veneris.* Et c'est vraiment Vénus dont on salue le retour. La science raconte son culte, et son culte recommence. L'imagination des corruptions de l'époque l'entoure d'une religion. Comme autrefois de l'écume des mers, elle jaillit de la légèreté des cœurs. Sa figure presque sacrée représente la fortune des Pompadour et des Du Barry. A force d'être célébré, son corps charmant devient comme la forme adorée de l'idéal du siècle. Elle revient, elle renaît, déesse et maîtresse, souveraine des aspirations, des illusions et des passions de ce monde. Elle ressuscite, s'incarne dans une divinité nouvelle, spirituelle et française, galante et folâtre. Et il semble qu'elle revive réellement dans l'œuvre de Fragonard, lumineuse, rayonnante, avec le sourire et le soleil de son dernier triomphe, telle que le maître la montre dans l'esquisse où elle descend remplir le corps d'Anacréon, épuisée par la colombe du poète.

Et ne sont-ce pas des Apparitions, des Visitations de Vénus, que ces deux tableaux de Fragonard ? Dans le bas de celui-ci tout est nuit. Sur un lit antique un jeune guerrier sommeille, accoudé, une main à la joue, un pied glissé à terre dans une pose de paix virgilienne. Près de lui, sur les marches d'ombre, à côté de son casque et de son bouclier, un amour dort la tête plongée dans les bras, le glaive du dormeur entre ses petites jambes ; puis ce sont des chiens et un autre amour dont on voit le dos sur lequel glisse un cornet de chasse. De là, de ce sommeil et de cette nuit, se dresse comme une échelle de Jacob d'amours portant et soulevant l'Assomption d'une Vénus. C'est une lumière où semblent mourir toutes les fleurs que sèment les Cupidons, où paraissent brûler toutes les flammes que secouent leurs torches. La Vénus souriante et blanche de la gaze chiffonnée autour d'elle, les chairs d'enfants des petits dieux, les nuages colorés comme du feu des trépieds, tout avance suspendu dans une fumée radieuse... La scène change, et ce n'est plus Le Songe d'Amour, mais c'est encore la nuit, une nuit de mystère d'orage, pesant sur des arbres noirs et des massifs aux parfums lourds. Un couple couronné de roses est lancé en avant. Le vent que fendit la course d'Atalante bat la gorge de la femme et repousse sa tunique. Elle et son compagnon n'ont encore qu'un pied posé sur la margelle de marbre du bassin, — le bassin de LA FONTAINE D'AMOUR ; et, affamés tous deux, l'œil brûlant, ils tendent la soif et le désir de leurs lèvres à la coupe enchantée que soutiennent des amours volants ou renversés dans la vasque, mêlant leurs mains, croisant leurs doigts, trempant leurs ailes au breuvage qu'ils offrent. De la fontaine, l'eau tombe ; du bassin, le nuage monte ; et ce ne sont qu'amours, amours à demi perdus dans la nuée, amours à demi trempés de pluie, amours ruisselant de lumière, amours sur le dos desquels le ruisseau qui tombe et les ondes vaporeuses qui roulent, se brisent en cascades, en gouttelettes de perles !

De ces beaux songes, l'imagination de Fragonard s'élève à de miraculeuses visions, à des tableaux de ravissement et de suavité brûlante, à une sorte d'extase. Il y a de lui des adorations de la passion presque mystiques de flamme et d'élan. Çà et là, dans un coin de son œuvre, dans un jour tendre, se dressent des autels *Au premier Baiser*, où le sang d'une colombe aux ailes déchirées a le symbolisme d'un doux crucifiement, d'un culte au Sacré-Cœur, au Cœur sanglant de l'amour, la rosée d'une blessure divine s'égoutte sur des calices de fleurs, des carquois, des couronnes, des guirlandes dénouées ; partout ce sont des ailes et des pétales de roses. Poussée, presque soulevée et détachée de terre par de petits amours qui s'essayent à la porter et jouent dans la transparence de ces voiles, une femme s'avance entre deux rayons, deux rampes de jour montant devant elle ; et sur lesquelles tremblent des vols d'amours dans des immobilités frémissantes. Elle sourit, elle faiblit, et, comme accablée sous la caresse de la lumière, elle laisse échapper une rose à laquelle un génie ailé met le feu avec sa torche : c'est LE SACRIFICE DE LA ROSE, — un souffle de sainte Thérèse dans une image de Parny !

Et comme sa pensée, la palette de Fragonard s'enflamme. Elle s'allume à ces autels brûlants. Elle flambe dans la lumière d'apothéose dont il entoure l'Amour, dont il peint le Désir. Quelle vapeur, quel embrasement dans ces firmaments clairs, ardemment limpides, palpitants de chairs de Cupidons, ruisselants de bouquets d'artifice, trempés de ces lueurs que les gravures en couleur de Janinet nous montrent, pareilles à des lueurs d'eau dans un incendie ! Ciels de triomphe, transparents de feu, où rougeoient des fumées gorge-de-pigeon, où pleuvent des fleurs et des plumes, où la pourpre et l'azur s'embrassent et se mêlent sur le corps transfiguré des petits anges de la volupté !

L'amour, toujours l'amour ! Prenez un peu plus bas le poème du peintre, juste entre ciel et terre, entre le RÊVE D'AMOUR et LE SERMENT D'AMOUR, ce qu'il chante c'est LE BAISER DANGEREUX, LE BAISER AMOUREUX, LE BAISER A LA DÉROBÉE... Tous les baisers, morts chez Dorat, vivent chez Fragonard. Deux têtes qui se penchent, deux lèvres qui se rencontrent, il lui suffit de jeter cela sur une toile pour trouver un tableau. Thème toujours charmant, et d'un dessin qui renaît sous ses doigts ! Il le varie, il le retourne, le caresse, il fait de ces deux bouches qui se cherchent deux âmes

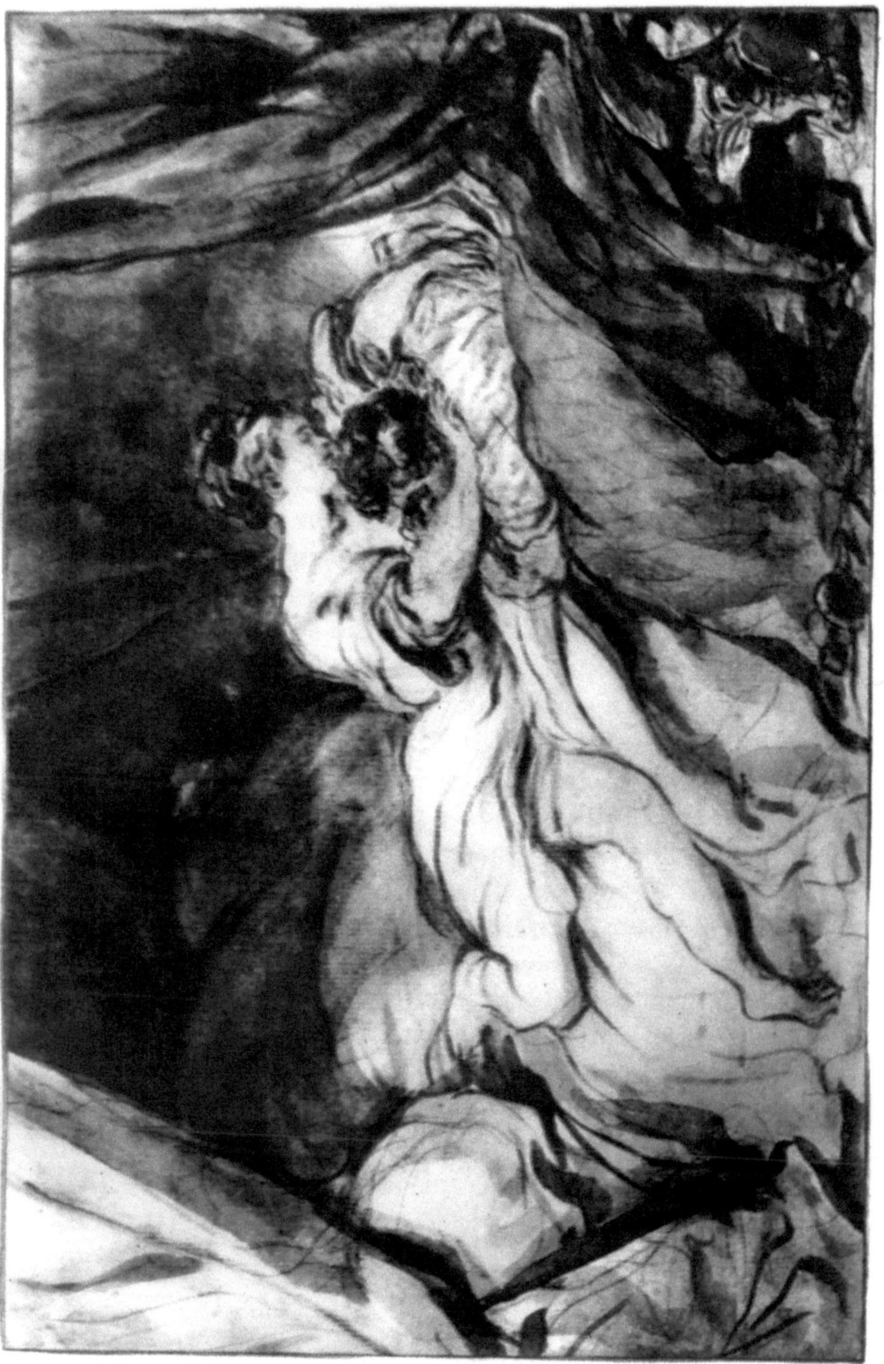

V

qui s'approchent. Rien qu'un baiser, — à peine si, dans l'ovale où il l'encadre, il met deux corps pour le porter. Ses personnages coupés à la hauteur du cœur ont l'air de cette sculpture volante du sculpteur lorrain, — ce baiser suspendu qui n'a qu'un piédestal pour soutenir deux bonheurs et deux amours !

Fragonard reprend-il tout à fait pied, retombe-t-il dans son temps ? Sur son chevalet posé en plein XVIIIe siècle, que trouve-t-il ? L'Amour encore ; l'Amour à la mode, galant, badin, ravisseur ; l'Amour dans une élégance de polissonnerie ou dans un triomphe de violence. Au milieu d'un jardin de délices, il lance une petite marquise de Crébillon sur une escarpolette, et si haut que sa mule glisse du bout de son pied, si haut que sa jupe s'ouvre devant un charmant indiscret à demi couché devant elle dans un parterre de fleurs. Heureusement qu'au-dessus de lui, un amour, d'un geste, dit : Chut ! Ou bien c'est la composition si connue, ce groupe enlacé d'ardeur et de faiblesse, l'homme en chemise, en caleçon, allongeant un bras nu et musculeux jusqu'au verrou de la porte qu'il pousse du bout des doigts ; la tête retournée, il enveloppe d'un regard de désir la femme qu'il embrasse de son bras droit, la femme éperdue, le visage renversé, les yeux effrayés et suppliants, désespérant d'elle-même et repoussant d'une main déjà molle la bouche de son amant... Sa chute, on la voit. Fragonard n'est pas homme à oublier dans le fond du tableau ce qu'il sait si bien ouvrir et défaire : le lit.

Et ne faut-il pas chercher Fragonard jusque-là ? Là est blotti son génie. C'est le nid du peintre et le rendez-vous de ses pinceaux. Le lit, — n'est-ce pas pour lui la scène délicieuse de la femme, le théâtre adoré, le trône douillet de son corps ? Il le trahit, il le reflète en tableaux toujours nouveaux dont il encadre l'ovale dans le cercle de fleurs d'un miroir d'alcôve. Il fait jouer dessus ce que le XVIIIe siècle appelait « ses gaietés » ; il lâche et fait envoler à son ciel l'essaim de ses Cupidons. Il y enlève la nudité des dormeuses dans le nuage du linge. Sitôt qu'il touche à la batiste des draps, à l'oreiller foulé, aux rideaux indiscrets, à la couche en désordre, il a la flamme, la lumière, la vie, l'ivresse ; il a toutes les bonnes fortunes de l'attaque vive, de l'esquisse brusque et courante. Il est sur son terrain de victoire. Il a le feu sacré du XVIIIe siècle, le diable au corps, le *Diable au corps* même du temps, et ce qu'il jette tout chaud à la toile est comme une caresse du Corrège, dans une page d'Andréa de Nerciat.

Le lit et tous les secrets qu'il a de la femme, la chemise et ses indiscrétions, les effarements du réveil, les culbutes des courtes-pointes, la surprise qui renverse les têtes, les cache derrière le charmant mouvement du bras levé, les peurs qui courent à demi nues, ce premier sursaut de si jolie impudeur mettant sur pied une chambrée de femmes, le vont qui joue, le linge qui fuit, un visage qui se voile, un dos qui se montre tout du long, — comme Fragonard touche cela ! Sa verve pétille avec le paquet de pétards passant par une trappe de plafond, qui éclate, jette son bruit, son nuage, sa fumée, darde son jour çà et là, sur une épaule, une cuisse, une jambe, fouette tout le lit des trois amies, leur court en éclairs sur la peau. Ici encore l'on se sauve, l'on court, l'on crie : MA CHEMISE BRULE... c'est le feu. Voici l'eau, deux jets partant d'une trappe

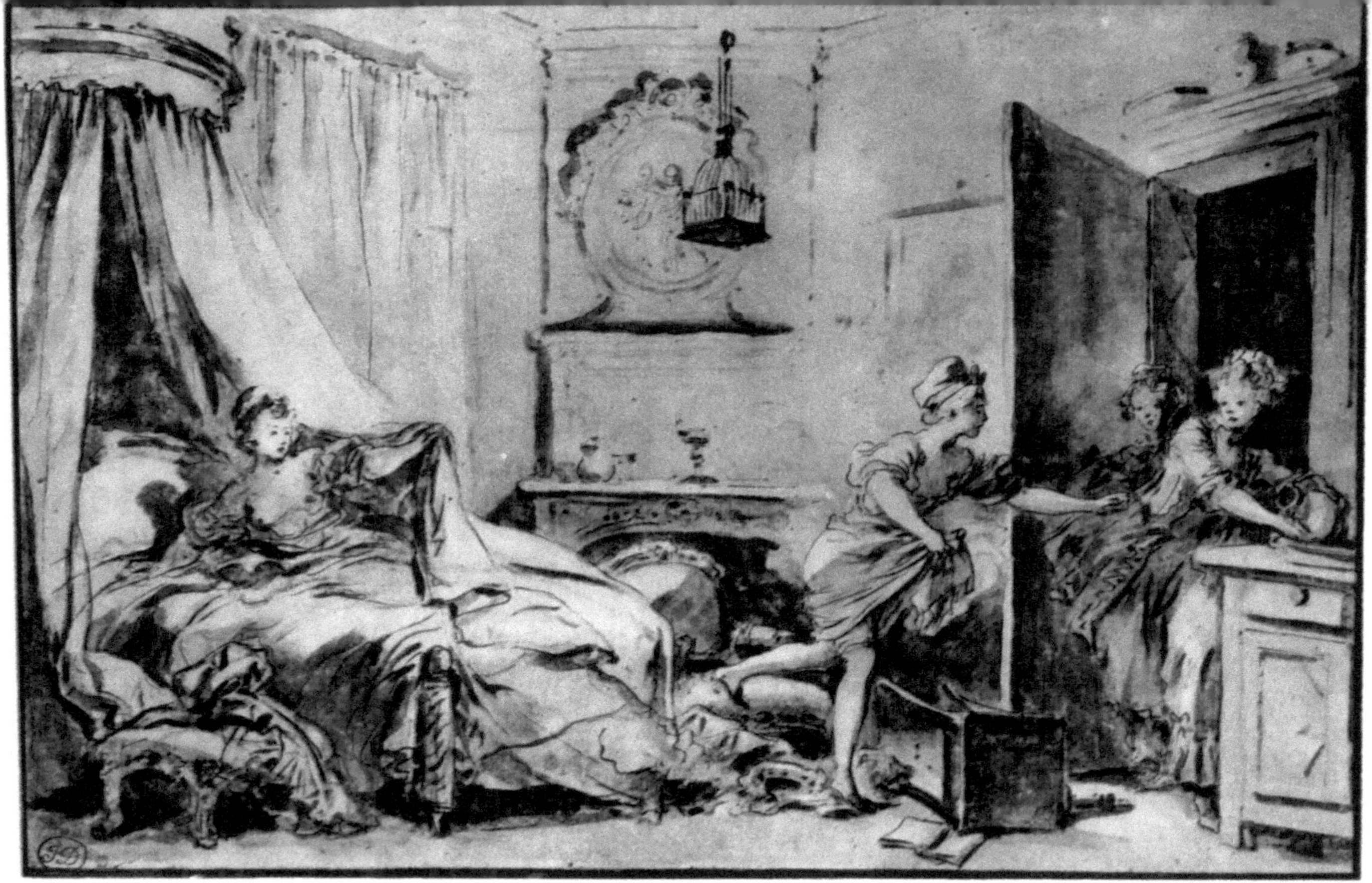

VI

du plancher, et trois femmes encore : l'une fuyant, la chemise au vent, les reins fustigés ; une autre dans le lit, les jambes levées, essayant de se défendre avec le drap qu'elle tend et retient du bout de son orteil ; la dernière, toute nue d'angoisse, les pieds sur le tabouret de lit, et se penchant pour voir d'où jaillit ce déluge. Fragonard adore ces espiègleries du temps qui éclaboussent de lumière un corps de femme surpris dans l'inconscience du premier mouvement. La niche des jets d'eau recommence dans le verre d'eau que tient au pied du lit une jeune fillette, guettant en souriant la jolie réveillée, les reins à l'air et au jour, une jambe repliée, l'autre tout allongée nerveusement sur les draps qu'on lui retire, le haut du corps et les yeux encore engourdis et pesants du sommeil, les doigts de la main retournés dans la ruche de l'oreiller.

Mais surtout Fragonard est charmé par les jeux de la femme, le matin, avec elle-même, dans la blancheur et la chaleur du lit, alors qu'elle se renverse, s'allonge et se tiraille dans le réveil. Il aime ces moments abandonnés où sa chair respire le soleil, s'oublie à la lumière, où son corps échappe aux draps, reprend ses élasticités, où sa chemise roulée sous elle par la nuit, ne la voile plus qu'à moitié. C'est la volupté ingénue de cette heure badine, les ébats libres et souriants du réveil, qu'il a voulu peindre dans ce joli tableau : le bonnet échappé, les yeux gais et pleins de ses seize ans, un large sourire à la bouche, une fillette sans souci de ce que montre sa chemise plissée en ceinture, soutient en l'air, au bout de ses pieds, un caniche frisé à figure de conseiller en perruque ; et toute riante, elle enfonce la plante de ses pieds dans les poils du chien qu'elle tient suspendu et auquel elle tend d'une main l'anneau de la Gimblette, pendant qu'un coup de lumière venu du pied du lit file en écharpe entre les rideaux, bat les couvertures, polissonne en sautant sur toute cette chair rosée où le jour semble heureux : c'est la GIMBLETTE, une fleur d'érotisme toute fraîche, toute française, dont vous ne trouverez le germe en ce siècle que dans le fumier du livre des *Mœurs* de la Popelinière aux premières scènes. C'est le chef-d'œuvre des Fragonard en chemise, après lequel vous ne rencontrerez que LA CHEMISE ENLEVÉE, cet autre chef-d'œuvre, le plus suave peut-être des tableaux voluptueux.

Au bas du lit, tombée et brûlante encore, est la torche de l'Amour. Vue de tout le dos, une jambe pendante hors du lit, une autre repoussant le drap, la tête retournée sur l'épaule, les cheveux dénoués et leurs boucles épandues par derrière dans le creux de l'oreiller, une femme ayant l'ombre de ses cils sur ses yeux fermés, à sa bouche un sourire endormi, essaye de retenir mollement des deux mains la chemise déjà ravie à son corps, glissant sur ses bras allongés, fuyant de ses coudes, et que tire en l'enroulant sur ses bras un amour renversé en arrière dans l'effort de l'arracher, un amour volant et qui frôle presque du pied le sein qu'il laisse sans voile. Image charmante et poétique, si délicieusement balancée par la lutte ! pensée de grâce et de nudité presque antique qui semble montrer le petit Éros colère, violant la pudeur vaincue et défaillante entre les bras du Songe qui la dépouille !

Ces médaillons de nudité, ces petits tableaux si vifs, ces poèmes libres, comment Fragonard les sauve-t-il ? Quel charme met-il en eux pour être leur excuse et leur pardon ? un charme unique : il les montre à demi. La légèreté est sa décence. Ses brosses n'appuient pas. Ses couleurs ne sont pas des couleurs de peintre, mais des touches de poète.

Il jette le mouvement, il indique le rythme d'un corps. Il semble peindre avec la palette du rêve. Le lit chez lui est presque un voile comme le nuage, et la femme est une apparition. Sur la batiste bleutée, roulante, presque céleste des draps, entre les vagues de soie que font en bouillonnant les lourds rideaux, il ne renverse que des corps de lait à peine rougis aux joues, aux coudes, aux genoux, à tous les endroits fleuris de la peau ; il ne montre que des chairs blanches qu'on dirait éclairées de la lumière d'une veilleuse d'albâtre. Apparences voluptueuses, à la fois confuses et rayonnantes, vagues et magiques diffusions de lumière, académies d'aurore se levant dans un étincelant brouillard matinal, voilà ses tableaux : une vision féerique, rien de plus. Avec leur sang si pâlement rosé, la vie délicate et argentée de leur peau, leurs membres rondissants dans la fluidité du contour, le dessin de leur visage mourant dans l'huile grasse, les femmes de Fragonard ne semblent vivre que d'un souffle de désir. Tout son œuvre, même brûlant, reste flottant, balancé entre ciel et terre. Qu'il dépasse LA CHEMISE ENLEVÉE, qu'il aille jusqu'à montrer tous les embrasements de l'amour dans cette débauche baptisée par son possesseur : « Le feu aux poudres », — l'impureté même chez lui n'a ni ordure, ni dégoût, ni honte ; le tableau demeure une inspiration lumineuse, une mêlée de torches, un vague essaim de corps d'amours devinés dans des frottis de terre de Sienne, un incendie d'Olympe d'où s'envole, à demi entrevue, la flamme d'une idée. Tout chez Fragonard se sauve ainsi, tout s'enfuit, frissonne, se cache à demi, dans cette pudeur de sa peinture : l'esquisse, qui fait trembler le nu devant les yeux, et voile la femme avec un éblouissement d'incertitude.

Mais l'esquisse est plus encore que le voile et que l'excuse de l'œuvre de Fragonard : elle en fait en quelque sorte l'idéal. Un écrivain qui est, lui aussi, un peintre et un poète, M. Paul de Saint-Victor, a dit d'une façon charmante : « La touche de Fragonard rappelle ces accents qui, dans certaines langues, donnent à des mots muets un son mélodieux. Ces figures à peine indiquées vivent, respirent, sourient et enchantent. Leur indécision même a l'attrait d'un tendre mystère. Elles parlent à voix basse, elles glissent sur la pointe du pied ; leurs gestes ressemblent à des signes furtifs échangés par des amants dans l'obscurité. On dirait les Mânes voluptueux du XVIIIe siècle. »

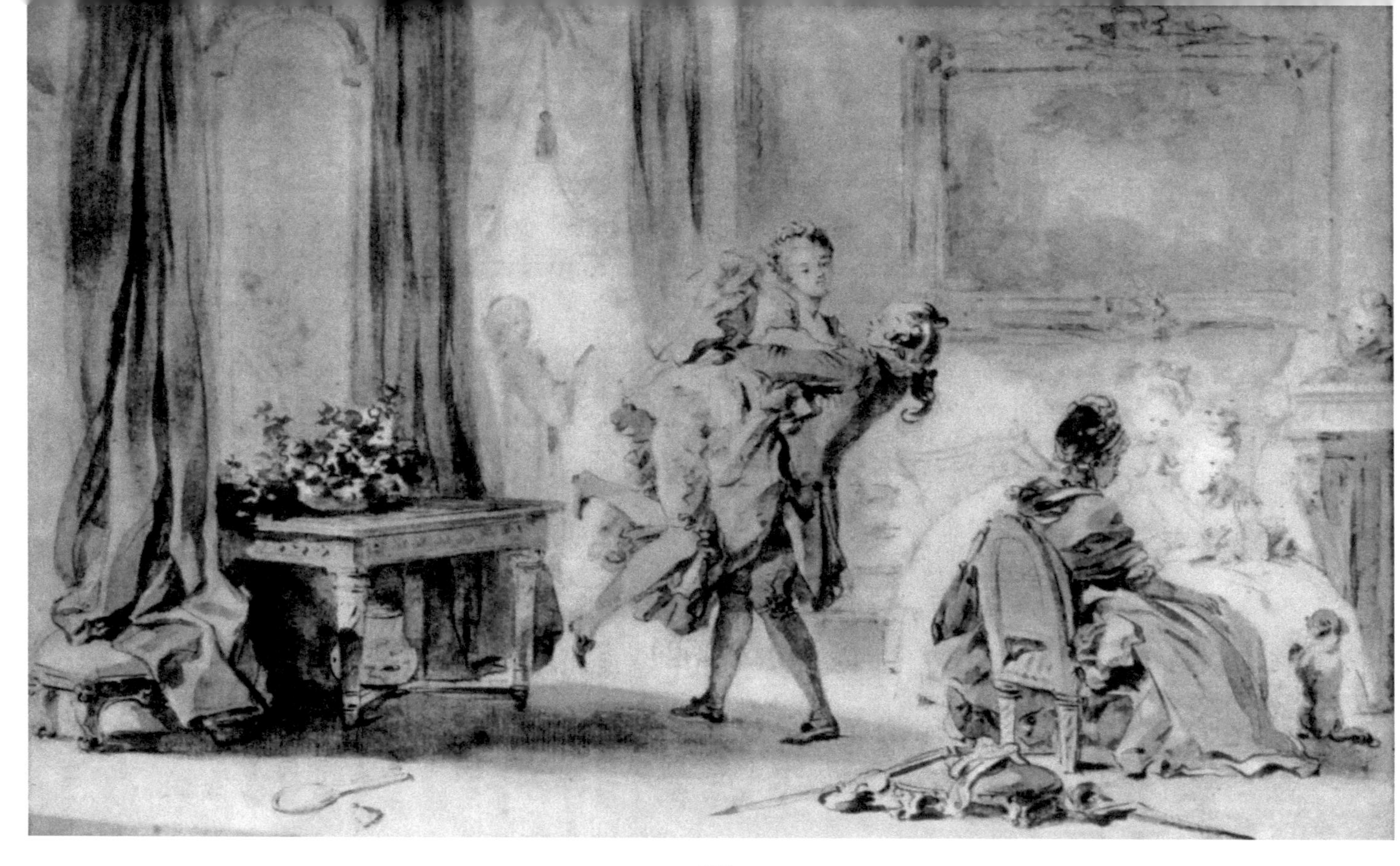

VII

VII

Un esquisseur de génie, voilà le peintre chez Fragonard. Il éclate dans l'ébauche. Il est un maître dans le premier jet, dans la préparation, lorsqu'il improvise des Grâces, des Nymphes, lorsqu'il fait jaillir les nudités ondulantes de la toile qu'il frappe et touche au vol. De l'huile délavée, des égratignures de pâte sèche qui semblent promener les rayures d'un peigne dans le sens de tous les muscles, de la poussière de pastel dont il paraît poudrer et brillanter ses tons, du *maquillage* adorable de sa peinture aux ombres bleutées, il sort des bouquets de chair, des morceaux de corps de femme, des rayonnements de peau blondissante, qui ont le charme, la douceur, l'harmonieux assoupissement d'une tapisserie de Beauvais passée ; c'est le blanc diffus, la fonte nuageuse, le demi-évanouissement des tons qui ne laissent à une trame de soie que le souvenir, la pâle et délicieuse mémoire des couleurs. Peinture mourante, expirante, et comme pâmée, toute pleine de la caresse cherchée par les décadences et les plus exquises corruptions d'art ! Quelquefois aussi, dans ses corps de femme, Fragonard fait passer un ressouvenir de Rubens à travers l'éclat de Boucher : alors ce ne sont plus ces molles paresseuses perdues dans la blancheur des draps et la dernière ombre du sommeil ; ce ne sont plus ces blanches Vénus qu'on dirait sorties tout à la fois de l'écume de la mer et de la neige de blanc d'œufs fouettés, ces déesses blondes et moutonnières dont l'apothéose couleur de matin ressemble au Lever de la Duthé : ce sont des corps vivants, sanguins, ensoleillés ; des corps où le pinceau pose, sans les fondre, le vermillon, le bleu de Prusse, le jaune de chrome, pour faire la lumière, l'ombre et le reflet d'un bras ; des corps dont le coude est fait d'un coup de vermillon nageant dans un reflet de pur jaune d'or ; des corps dont le peintre transperce à demi la peau des rouges, des bruns, des verts de l'écorché, de tous les dessous de la vie. Car c'est le miracle de Fragonard ; cet accoucheur de songes, avec sa palette de nuage, l'homme de ces tendres esquisses, qui donne aux chairs le glacis bleuâtre ou verdâtre de chairs qu'on voit au travers de l'eau, qui fait de ces femmes nues des fleurs noyées, ce même Fragonard jette tout à coup des tons animés, le coquelicot, le soufre, la cendre verte, s'emporte dans une gamme de tapage, met le feu à ses couleurs, pique sa toile d'éclairs ; et de cette main qui tout à l'heure glissait et coulait, empâte de telle façon que la trace de son pinceau reste comme l'indication de l'ébauchoir sur la glaise. Dans cette manière il a laissé des esquisses d'une verve et d'une chaleur inouïes, si carrément touchées qu'elles font penser à la cuiller à pot dont Goya se servait pour ses fresques, des déclarations de berger à bergère d'un coloris brûlé, d'une solidité qui touche au bas-relief, des coins d'intérieur recuits, troués d'un bleu de ciel, d'un azur cru perçant une broussaille fauve, — furieux embryons de tableaux où l'on retrouve le soleil des Vénitiens, les rouges sourds, les bruns puissants du Bassan.

C'est de cette façon vive, puissante, chargeant la toile, que Fragonard attaque et enlève ses paysages ; je ne parle pas de ses paysages froids, septentrionaux, où il n'est qu'un pasticheur adroit, épris d'Hobbema et de Ruysdaël, mais de ceux où il est lui, peint la nature qu'il sent, son pays, les campagnes de son souvenir, qu'il revoit tempêtueuses, toutes sillonnées de ces « orages d'eau » dont la Provence, déboisée de ses sapins et de ses chênes, est dévastée pendant tout le XVIIIe siècle. Quelle fougue, quelle tempête de pinceau dans L'ORAGE, ce chef-d'œuvre possédé par M. Lacaze ! Le ciel fumeux, sinistre, électrique, traversé de coups de jour blafards, l'air lourd, la chaude haleine de la terre accablée, l'agitation trépidante, la panique de la Nature, l'effarement des moutons éperdus, des grands bœufs qui mugissent, le tourbillon qui rase l'herbe, tord en écharpe la grande toile du chariot que poussent des hommes en rouge, — tout est saisi dans le mouvement, et la brosse roule dans toute la scène avec le vent qui y passe.

Fragonard a été plus loin que personne dans cette peinture enlevée qui saisit l'impression des choses et en jette sur la toile comme une image instantanée. On a de lui, dans ce genre, des tours de force, des merveilles, des figures où il se révèle comme un prodigieux *Fa Presto*. On voit dans la galerie La Caze quatre portraits de grandeur naturelle à mi-corps. Au dos de l'un je lis ceci écrit, me semble-t-il, de sa main : *Portrait de M. de La Breteche, peint par Fragonard en 1769, en une heure de temps.* Une heure ! rien de plus. Il lui suffisait d'une heure pour camper, bâcler et trousser si fièrement ces grands portraits où se déploie et s'étale toute cette fantaisie à l'espagnole dont la peinture d'alors habille et anoblit les contemporains. Une heure pour couvrir toute cette toile ! A peine s'il jette ses touches ; il dégrossit à grands coups les visages, les indique comme avec les plans d'un buste commencé. Son pinceau étend les couleurs en lanières à la façon d'un couteau à palette. Sous sa brosse enfiévrée qui va et vient, les collerettes bouillonnent et se guindent, les plis serpentent, les manteaux se tordent, les vestes se cambrent, les étoffes s'enflent et ronflent en grands plis matamoresques. Le bleu, le vermillon, l'orange coule sur les collets et les toques ; les fonds, sous les frottis de bitume, font autour des têtes un encadrement d'écaille ; et les têtes elles-mêmes jaillissent de la toile, s'élancent de cette balayure furibonde, de ce gâchis de possédé et d'inspiré.

VIII

Ce peintre de magie, qui créait si vite du soleil, du jour et de la lumière, était fait pour peindre ces murs où le siècle ne voulait pas la nudité du blanc, pour faire un mensonge de ciel aux plafonds sous lesquels les financiers et les courtisanes d'alors se sauvaient du ciel gris de Paris. Fragonard fut bientôt le décorateur à la mode, recherché, appelé, fêté par la Chaussée-d'Antin naissante, les folies d'hôtels du quartier neuf. On le voit, en 1773, occupé à couvrir de peintures tout le salon du petit palais de volupté de la Guimard. Et déjà il a donné sur le panneau d'honneur l'apothéose, les traits, les attributs et les séductions de Terpsichore à la divinité du logis, quand, sur une brouille et sur un congé qu'elle lui donne, il se venge par ce tour, une charge d'atelier où se montre son esprit et toute sa malice. Un beau jour il se faufile jusqu'au salon, et avec la palette et le pinceau de son successeur absent, il touche, en un rien de temps, au sourire de la déesse, l'enlève, lui fait une bouche de colère, un visage de Tisiphone à laquelle Mlle Guimard ressemble tout à fait, lorsque, arrivant pour montrer son salon à des amis, elle entre en fureur devant la vengeance du peintre.

Déjà, à cette époque, madame du Barry avait voulu de lui quatre dessus de portes pour Luciennes : « les Grâces, l'Amour qui embrasse l'univers, la Nuit, et Vénus et l'Amour. »

Une anecdote, la mention d'une quittance, des traditions, c'est à peu près tout ce qui reste de ces travaux décoratifs de Fragonard. Ils ont disparu avec les murs où ils étaient, avec les maisons qu'ils éclairaient. Ils ont eu la courte éternité que la démolition fait aux pierres mêmes dans Paris.

IX

Le souvenir de Fragonard est presque tout entier dans les œuvres qui nous restent de lui. Derrière le peintre, l'homme paraît à peine. Qu'en sait-on ? Presque rien. Qu'a-t-il laissé ? Que reste-t-il de lui dans les mémoires et les indiscrétions du temps ? L'anecdote de Grimm sur la Guimard, et c'est à peu près tout. Les notices, les journaux, les nécrologes se taisent sur le gracieux artiste qui a trouvé la gloire sans chercher le bruit. Avec lui, la biographie est déroutée ; elle cherche vainement, ne trouve que quelques dates, des traces et comme des lueurs de sa personne. Mais quoi ! Ne nous plaignons pas tant. Trop de documents, trop de faits, pèseraient, il nous semble, sur cette mémoire légère. Un rien d'histoire qui fasse aimer le peintre, ne demandons pas plus. Que son existence flotte comme dans une de ses esquisses : le demi-jour sied à cette vie de poète, et la personnalité de Fragonard est de celles qu'il plaît de voir, ainsi qu'une ombre heureuse, ayant un doigt sur la bouche.

Sa figure même échappe. Ses traits ont le vague

charmant de sa vie. Sa souriante ressemblance est répandue et comme errante dans tout son œuvre, sous le visage éveillé, amoureux de ses jeunes fourrageurs d'appas, du joli garçon frisé qu'il tire de L'ARMOIRE. Et pour tout portrait il n'a qu'un médaillon : l'eau-forte où Lecarpentier le montre en cheveux blancs, et qui laisse deviner, sous la verdeur du vieillard, toute la jeunesse de l'homme.

On sait que Fragonard, après une jeunesse de peintre, une jeunesse galante dont il garda toujours le culte de la femme, — vieux, on disait de lui que « c'était un jeune homme dans une vieille peau », — on sait que Fragonard se maria à près de quarante ans. Voici l'histoire de son mariage, telle que nous l'a racontée son petit-fils. Mlle Gérard, l'aînée des douze enfants d'une famille de distillateurs de Grasse, avait été envoyée et placée par ses parents à Paris chez un de leurs confrères, du nom d'Isnard, pour se former au commerce et gagner là sa vie. Mais la jeune fille n'avait aucun goût pour cet état. Elle s'amusait de peinture à l'eau, de coloriage, peignait des éventails. Bientôt elle reconnut qu'il lui manquait les conseils et les leçons d'un peintre. Comme elle s'enquérait à qui elle pourrait s'adresser, on lui parla d'un compatriote, de Fragonard ; et Fragonard à qui on s'adressa dit qu'elle n'avait qu'à venir chez lui. Les leçons amenèrent l'amour et le mariage. La femme de Fragonard n'était point jolie. Un portrait d'elle, que possède M. Théophile Fragonard, nous la montre vers la quarantaine, avec des traits forts, des méplats sensuels, de perçants yeux noirs sous d'épais sourcils, un nez gros et court, une grande bouche, une coloration brune, des cheveux

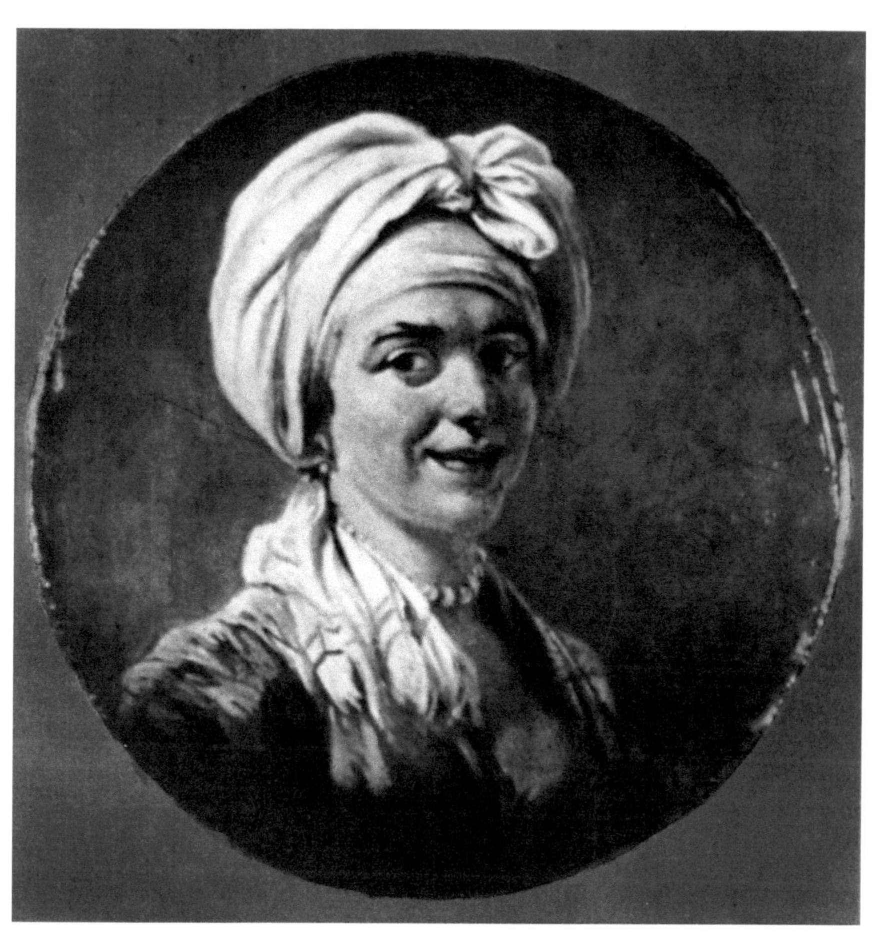

VIII

d'un brun ardent, je ne sais quel air réjoui et passionné de forte commère hollandaise chauffée au soleil du Midi. Quand Mme Fragonard accoucha de son premier enfant, d'une fille qui devait mourir à dix-huit ans, elle dit à son mari qu'elle avait au pays une petite sœur de quatorze ans, qui lui serait bien utile pour l'aider à élever et à soigner son enfant ; et c'est ainsi que Mlle Gérard entra dans la famille pour n'en plus sortir. Au bout de peu de temps, Paris lui donna son coup de baguette ; elle dépouilla sa naïveté, sa gaucherie provinciales ; et de laide qu'elle était comme sa sœur, elle se fit, en devenant femme, jolie, même belle. Les plus beaux yeux noirs, l'ovale le plus pur, un dessin de figure romain, la faisaient comparer à une tête de Minerve, et dans les premières années qui suivirent la mode pour les femmes de ne plus porter de poudre, elle faisait sensation au théâtre avec le style de sa beauté.

Tout naturellement, l'ancienne *peintresse* d'éventails n'avait pas quitté ses pinceaux, aux côtés de son mari. Elle s'était mise, sous sa direction, à peindre des miniatures, assez difficiles à reconnaître des miniatures de Fragonard, du moins quand Fragonard y a mis sa retouche et sa griffe. Il se trouva que la petite sœur aima, elle aussi, la peinture, qu'elle en avait un goût encore plus décidé et plus heureux : charmante rencontre qui fit de Mlle Gérard, à l'imitation de Mlle Mayer et de Mlle Ledoux, les élèves de Prudhon et de Greuze, comme la pupille des leçons de son beau-frère, la filleule du talent de Fragonard.

Sur cette fraîche liaison de goûts et de sympathies, je trouve cette note presque touchante au bas de l'épreuve du Franklin que possède M. Walferdin : *Gravé par Marguerite Gérard, à l'âge de seize ans, en 1772. Hommage à mon maître et bon ami Frago. Marguerite Gérard.* « Le bon ami », c'est ainsi qu'elle appelle le Maître qui a mis à ses tout jeunes doigts la pointe de l'eau-forte, maintenant sa main d'écolière, lui jetant par-dessus l'épaule le conseil, l'avis, l'encouragement ; initiation charmante où le professeur touchait à tout moment à l'émotion d'une main de femme, au remercîment de son sourire, doux travail en commun auquel Fragonard apportait ses retouches et donnait parfois tout son talent, comme pour la planche de MOSIEUR FANFAN *jouant avec Monsieur Polichinelle et Compagnie,* une planche que l'élève croyait avoir faite, et que le Maître lui faisait signer pour l'en convaincre. Voilà le fond de la vie de Fragonard chez lui : l'éducation d'art d'une femme dont il fait un aquafortiste, dont il fait un peintre, et qui a pour lui un culte d'affection, une vénération enjouée et tendre. Le maître et l'élève mêlent leurs occupations, leurs plaisirs, leurs études, comme ils mêleront leurs deux noms sur la toile du « Premier Pas de l'enfance ».

Entre cette belle-sœur et sa femme, dans cette douce et caressante atmosphère de famille, Fragonard s'oublie aux joies de l'intérieur et laisse couler le temps. Son existence s'enferme et s'enfonce dans son atelier, un atelier animé et réjoui de plaisirs, un atelier où roule l'argent si facilement gagné, où la table est toujours servie, où l'appétissante odeur du pot-au-feu tente le gourmand Lantara ; véritable salon d'art décoré de peintures de la main du maître, rempli de tapisseries, de meubles de Boule, de curiosités, fier du vase d'argent

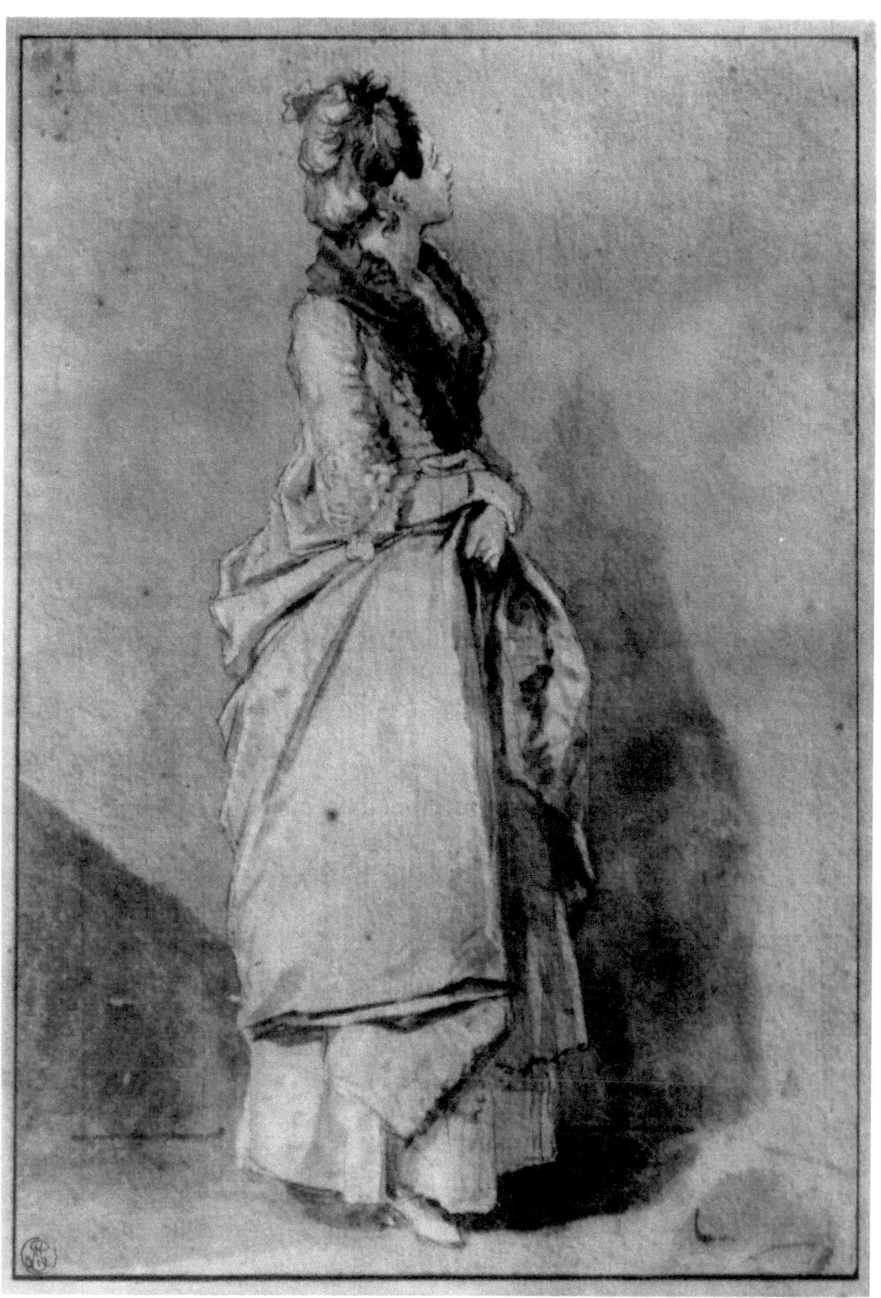

IX

de Cellini passé de chez Mlle Lange chez Rothschild ; musée des goûts de Fragonard, au milieu duquel on croirait entendre rire et chanter une vie largement bourgeoise dans un atelier de Solimène !

Pour achever ce crayonnage de la vie de Fragonard, qu'y mettre ? Ses amis : Hubert Robert, Saint-Non, son camarade intime depuis le voyage d'Italie, Greuze, Taunay dont il aide les débuts et achète le premier tableau. Qui encore ? Bergeret, le receveur général des finances, l'ancien ami de Boucher, le Turcaret amateur qui emmène Fragonard et sa femme en Italie. C'est lui qui possède la première idée du SACRIFICE DE CALLIRHOÉ, et c'est à lui que le peintre adresse ces feuilles de papier du cabinet Walferdin, bâtonnées de dessins à la diable, si amusantes et si curieuses, où le peintre en déshabillé, le gai farceur, « l'aimable Frago », comme il s'appelle lui-même, se montre si drôlement dans le piquant bulletin d'une entorse. Dans un premier croquis, on le voit tombant : *M. Frago qui se trompe de porte et tombe dans un endroit où il n'y avait point de chaise percée et se fait une entorse cruelle à huit heures et demie et deux secondes.* Dans une autre, des dames lèvent de surprise et de douleur leurs bras au ciel : *Retour des dames à dix heures, effets douloureux et bien doux pour l'aimable Frago.* Le voici sur un lit couché : *Situation d'ordonnance pour quinze jours.* Sur une autre feuille, c'est une enfilade de gens vus de dos sur un banc ; d'abord deux enfants : *Rosalie, Fanfan,* puis *Frago et sa femme,* et au-dessus : *Confidence de Frago à sa femme à huit heures et demie.* Puis *M. de la Gervaisais.* Puis *Mlle Gérard.*

X

Le dessin, chez Fragonard, est sa plume d'écrivain. C'est, comme on le voit, sa manière de correspondance, sa forme de billet. C'est plus encore : on pourrait dire que le dessin est le journal de son imagination. Tout ce qu'il pense lui échappe par là : il s'y confesse et s'y envole. La complète collection de ses dessins serait l'histoire légère et poétique de sa vie, de ses idées, de ses goûts, de ses opinions, de ses humeurs : on y aurait les mémoires du peintre et de l'homme. L'on verrait son culte pour Rousseau, ses larmes sur « l'homme de la nature » dans tous ses dessins religieux de l'île des Peupliers à Ermenonville. Ses passions en musique, on les retrouverait dans ce dessin de Gluck, couronné de lauriers, assis à un pupitre idéal, entre le buste d'Homère et celui de Virgile, la main sur une feuille de papier où Fragonard a jeté : *Et mon cœur et mes œuvres.* Son admiration pour Franklin, qui venait apprendre les secrets de l'eau-forte chez l'ami Saint-Non, elle éclate, elle bouillonne dans ce dessin titanesque, l'apothéose allégorique de l'arracheur de foudre.

FRAGONARD

Ses tableaux n'en disent pas autant sur lui : dans sa peinture, il est Fragonard ; dans ses dessins, il est moins et plus : il est *Frago* tout court et tout intimement.

Suivez-le dans le premier coup d'aile d'une idée, lorsqu'il jette au papier l'âme d'une composition, lorsqu'il cherche et tâtonne à travers le nuage ; surprenez-le dans ces dessins de matin, ces crayonnages qui s'éveillent ; regardez ces lavis faits de si peu, ces semis de jolies taches, ces souffles, hélas ! ces riens charmants, enviés du jour, dévorés de soleil, pâlissant, s'effaçant, plus adorables, semble-t-il, à mesure qu'ils meurent un peu : si petit que soit leur cadre, le Maître est là tout entier. Le plus souvent, il use du bistre, un bistre qu'il jette vivement sur un trait de mine de plomb. C'est son procédé préféré pour essayer un effet, avoir la vision d'un tableau futur, faire flotter sa lumière à demi fixée sur le papier mouillé qui boit les contours ; et quel parti Fragonard sait en tirer ! Chez lui le bistre n'est jamais noir, n'est jamais lourd ni pâteux ; il s'anime de la légèreté, de la transparence, de la chaleur fauve qui l'avait fait adopter à Rembrandt pour ses dessins. Le travail sur le papier mouillé, qui enlève la sécheresse même aux frottis de premier plan, qui estompe et noie les plus grandes vigueurs dans la fonte d'une tache de marbre ; le délavage des fonds, l'absence de teintes cernées ; ce pinceau qui ne semble prendre d'une couleur que la vapeur ; au milieu des bruns de l'ombre l'admirable éparpillement du jour, ces rayons courant dans toute la composition avec les réfractions du soleil dans une glace, ces nimbes de clarté dans lesquels le dessinateur fait resplendir les têtes et les épaules nues, ces coups de midi frappant le milieu de son dessin, faisant expirer le bistre en teintes imperceptibles et ne laissant plus sur le papier que la douceur grise du crayon, tout fait sortir de ces bistres de Fragonard une amoureuse lumière blanche, un éblouissement gai de visages, de chairs, d'étoffes.

Et de là, quelles divines petites figurines de femmes se lèvent, fines, spirituelles, délicates, avec leurs bouquets de cheveux noués d'un ruban et noirs d'une goutte de couleur, leur profil de statuettes de porcelaine ombré et tournant sous un soupçon de lavis, la vie mutine que leur donne, à la façon de mouches de bistre, une piqûre de pinceau à la prunelle de l'œil, à la narine, au coin retroussé de leurs petites bouches en cœur ! Comment ne pas parler ici de LA LECTURE du Louvre ? A côté d'une femme dont on ne voit que le dos, un fichu, un chignon, un bonnet, un bout de livre où elle lit, d'un plâtras de bistre se détache une autre femme de profil, un pouf noir sur ses cheveux légers comme de la soie, un collier de ruban au cou ; elle est assise de côté, un bras replié sur le dossier du fauteuil, un bras abandonné dans le creux de sa jupe ouverte, ballonnante, argentée, cassée à grands plis de satin blanc. Jamais avec si peu de chose, Fragonard n'a fait une femme. Elle s'avance toute claire, toute svelte, presque diaphane, du fond noir et solide du dessin : c'est une ombre de coquetterie, et « une petite reine », — comme disait le temps, l'élégance et la grâce même du peintre. Ici, sous les zigzags d'un bouquet d'arbres, c'est un taureau blanc levant la tête d'un bassin, et, le mufle encore baveux de filets d'eau, regardant un couple d'amoureux qui s'embrasse au fond du dessin, dans la chaleur d'été du bistre. Fragonard s'amuse: prenez

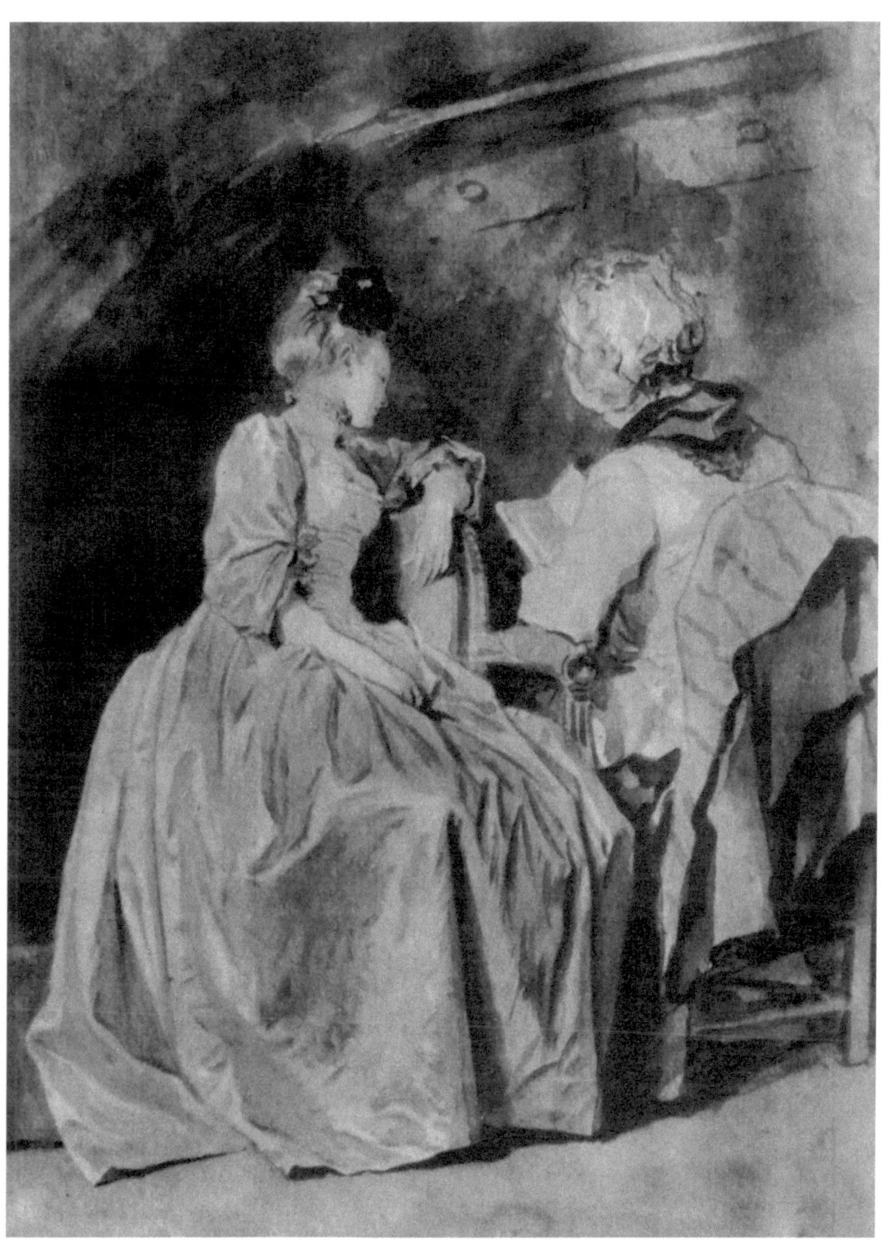

X

garde, il va polissonner ! Le voilà qui jette un maître de danse dans un salon du temps. Tandis que des dames s'amusent, auprès de la cheminée, d'un petit chien qui fait le beau, à côté du tabouret où pose la pochette, le ravissant petit-maître, enlevant et faisant pirouetter entre ses bras sa belle élève, montre, sans le vouloir, un peu de ses jolies jambes au fin matois d'abbé lisant son bréviaire, là-bas, dans l'embrasure de la fenêtre. Et que cela est délicieusement troussé ! Le pinceau a la vivacité du geste et de l'envolée de la scène : un peu d'eau, un peu de bistre, un coup de main, — et le tour est fait !

Des bistres, — Fragonard en sème, en répand, il en laisse aller au papier de toutes les sortes, quelques-uns d'un tel flou, si noyés, qu'ils semblent tremper dans l'eau ; d'autres puissants, d'accusation vigoureuse et violentée. Ce sont des études de taureau dans l'étable, des ouvrières vaguant en manteau de lit dans leur dortoir, des danses de marionnettes, des portraits de femmes du temps dans le trifouillis de leurs fanfreluches, des scènes d'évocation inspirées par la magie de Cagliostro, des foules grouillant dans des jardins, sous les grands pins d'Italie, des paysages où le piétiné et le tremblé du pinceau fait un fourmillement d'herbes, d'animaux, d'arbres.

Plus rarement Fragonard, pour la claire et transparente incarnation de ses idées, use de l'aquarelle, d'une aquarelle à peine teintée : lavis charmant de douceur et de lueurs délicates. Parfois pourtant, échappant à ces timidités de coloriage du temps, il risque, en les relevant d'un travail de plume, des valeurs vives, hardies, brillantes, une vraie peinture à l'eau qui peut servir d'esquisse à son tableau. Cette audace de main qui lui fait violenter l'aquarelle, on la retrouve dans ces gouaches, dans ces orages qu'il maçonne avec des solidités d'ébauche à l'huile, et où il jette toujours en quelque coin, comme sa signature et sa fanfare, quelque note éclatante de rouge. Au pastel encore, il arrache l'effet avec ses dessins brutalement crayonnés de noir, balafrés d'écrasis de crayons de couleur, de blanc, de bleu, de rouge, ayant la largeur, la traînée d'une large brosse.

Mais où le dessinateur est inimitable, c'est dans le maniement de la sanguine. Là il l'emporte sur tous, et sur Hubert Robert même, qui devient froid, maigre et mince auprès de lui. Badinages des ciels, échevellement pittoresque des parcs, massifs profonds, fines architectures perdues dans le frottis rose des fonds, — quels jeux de sa sanguine ! Il semble qu'il ait entre ses mains son crayon rouge sans porte-crayon : il le frotte à plat pour couvrir ses masses ; il le fait sans cesse tourner entre son pouce et son index en virevoltes hasardées et inspirées. Il le roule, il le tord, avec les branches qu'il indique ; il le casse aux zigzags de ses verdures. De son crayon qu'il ne taille pas, tout lui est bon. Avec son épointage. il fait gras, large, appuie sur les parties ressenties ; avec l'aiguisage du frottement, il touche les finesses, les lignes, la lumière, — tout cela avec un art fiévreux, enragé, attrapant le caractère du paysage, le faisant copieux, chevelu, feuillu, croquant, emmêlant la nature aux balustres et le nuage aux cimes des bois. Plus vaillantes encore sont d'autres sanguines de lui : des études de femmes, d'après nature, faites de premier coup, où la sanguine presque écrasée, sabrant les fonds de ses tirebouchonnements, brutalise les étoffes, les garnitures de robes, chiffonne victorieusement la fantaisie et les brimborions de la toilette, attaque aussi vivement la figure, la hache d'ombre, et fait ce miracle d'y laisser sous le crayonnage emporté le sourire d'une jolie femme.

Feuilletez tous ces dessins de Fragonard, feuilles éparses, pensées volantes que nous montre cette chapelle de son œuvre : la collection Walferdin, les collections de MM. Marcille, de Mme de Conantre, etc., le souvenir des ventes, Saint-Norblin, Villot, les gravures, les *fac-simile*, — l'enfance y revient à tout moment, l'enfance y rit presque partout. Elle est la fraîcheur, la jeunesse, l'innocence de tous ces petits tableaux. L'enfant, le petit enfant à la brassière écourtée, piétinant et dansant dans le soleil avec un peu de l'envolée et de la nudité d'un petit dieu, l'enfant avec ses petites mains de caresse errantes sur la figure et le sein des mères, l'enfant avec sa bouche en cœur, l'enfant dans son compagnonnage avec le chien et l'âne, monté sur leur dos ou pendu à leur cou, l'enfant tout blanc dans sa grande petite chemise de nuit, en haut de la pyramide d'enfants qui guettent la poêle des beignets, l'enfant blondin et frisé, une poupée dans les bras, qui prêche sur un buffet avec l'air d'un petit saint Jean de cire, — toutes ces petites bonnes gens-là font une lumière et un tapage de Paradis dans les scènes de Fragonard. Quand ils sont trop petits, il endort la vie de ces petits êtres, au milieu d'un jardin en fleur, sous les tendresses penchées d'une mère, dans un berceau qu'on dirait poussé avec les bouquets de roses qui s'effeuillent dessus. Plus grands, il les montre debout sur une caisse d'oranger emmaillotés par des mains maternelles dans une couverture dont ne sort que leur petit visage. Ou bien, il les fait monter sur les genoux de leur mère en ascension d'anges. A les grouper, à les rassembler, à faire jouer, à culbuter tous ces *fanfans* il semble que le dessinateur ait des joies de père, et l'on dirait qu'il fait sauter ses compositions sur ses genoux. Comme il les dessine de leur âge, gais, vivants, roses et fous, ces tout petits garçons, ces jolis petits bouts de filles, ces brins de femmes ! Ce ne sont pas les enfants que peint Chardin, déjà sérieux, et grandis dans le sombre des pièces à petits carreaux, dans les leçons graves de la vie restreinte et sévère : c'est vraiment la famille de Fragonard, les enfants de son génie, que ces petits démons libres, épanouis, rayonnants, montrant des genoux de Cupidons entre leur culotte et leurs bas roulés, enfants gâtés du bonheur et de la campagne, de l'amour et de la nature, bâtards bénis de bergères et de grands seigneurs, que l'on s'imagine nés des scènes vives du peintre, des couples d'amants que ses pinceaux renversent sur des bottes de foin.

L'enfance porte bonheur à Fragonard. Elle lui inspire tous ces dessins charmants dont je ne veux citer que quelques-uns : le chien que coiffe une petite fille devant une glace, le grand et magnifique morceau de la femme qui distribue à ses enfants du pain qu'elle tire d'une huche, — et celui-là : DITES DONC S'IL VOUS PLAIT, qui prête, avec un peu de bistre, tant d'embarras et une si jolie moue au *bambino* en chemise courte.

Mais pour mettre l'enfance toute vivante dans son Œuvre, ce n'est pas assez pour Fragonard du dessin, de la peinture même ; il lui faut un procédé, un art particulier, nouveau par la manière dont il y touche, un art où il fera oublier tous ses devanciers et défiera tous les imitateurs : la miniature.

Une miniature de Fragonard, c'est l'exquis du joli, la merveille du petit art, une chose enchantée, et qu'il ne faut comparer à rien dans le XVIIIe siècle, pour le fin et délicieux chatouillement du regard, qu'à une terre cuite de Clodion. Placez à côté toutes les miniatures du temps : elles pâliront, elles noirciront, elles laisseront voir la peine de leur travail, leur petitesse, leur minceur. Les plus brillantes, les plus fraîches, les plus libres, celles qui auront le plus cherché la vie, celles qui auront le mieux échappé à la sécheresse du métier, à l'ingratitude du procédé, paraîtront des miniatures, et rien que des miniatures. Même celles de Hall, aujourd'hui si chères, ces petites peintures égayées, vivifiées, avec leurs badinages et leurs pétillements si fins, leurs aiguillures de gouache, vous les verrez, malgré la science et l'esprit du travail, s'effacer devant un Fragonard. Plus de charme, plus de brillant. Ses petites figures se violacent. Il est froid, il est menu, et on ne voit plus en lui qu'un homme habile, spirituel à coups d'épingle. Mais le rayonnement de la peau, la clarté du teint, la lumière de la vie sur un visage, — et d'une vie toute jeune, de cette vie blanche de l'enfance, pleine d'une santé d'innocence, et comme baignée encore du lait qui l'a nourrie, — Fragonard seul atteint cela dans ses miniatures. Et c'est son grand triomphe de donner de l'enfance cette figuration animée, presque idéale, qui semble l'image où une mère regarde le portrait de son enfant, et le rêve plus qu'elle ne le voit.

Des enfants, Fragonard a peint là les yeux de diamant noir humides. Il a su rendre cette flamme des jeunes regards, la mouiller, l'allumer, mieux que n'ont fait, avec les ressources de l'huile, Greuze et le peintre anglais Lawrence. Il a peint le nuage de leurs traits, la molle et délicate indécision de leurs contours joufflus, leur chair douillette et soufflée, la fine porcelaine de leur front, le bleuissement d'azur de leurs tempes, la moue ou le sourire épanouissant ou fermant la fleur rouge de leur bouche. Vraies miniatures de soleil où vous chercherez vainement le travail, les hachures, le pointillé, les sécheresses des miniatures. Une goutte d'eau dans laquelle serait tombé un rayon, voilà le mystère et l'enchantement de ces légers chefs-d'œuvre. Des colorations qui ont la pâleur et l'effacement de tons noyés dans un verre d'aquarelliste, c'est tout le procédé de Fragonard. Son pinceau ne laisse pas une trace. A peine s'il couvre toute la feuille. Partout il laisse revenir la chaleur et le blanc crémeux de l'ivoire, transperçant de ses dessous ces petites mines rosées, faisant le fond et la tiède clarté de tous ces teints éblouissants.

Ainsi faits de rien, d'un badinage et d'un sourire du peintre, sont-ils assez jolis, tous ces enfants frisés, avec leurs boucles de cheveux si fins, si blonds, presque couleur de jour, leurs collerettes bouillonnées, le chapeau et la veste flottante de Pierrot, qui les fait sortir de leur cadre avec l'air d'anges de carnaval revenant d'un bal costumé d'enfants ! Sont-elles assez ravissantes, ces petites filles, ces petites femmes, un nœud bleu au corsage, le fil de perles au cou, la collerette Médicis à la nuque, la poitrine décolletée dans un corsage à l'espagnole : petites Belles aux cheveux d'or, petites Infantes de féerie, séduisantes de la séduction de l'enfance de la femme, jolies de cette grâce presque céleste qui tremble encore en elle et semble à peine avoir touché la terre ! Jamais l'aube, les premières douceurs d'un visage féminin, les transparences de chair d'une toute jeune fille, l'ambre de ces ombres tombées du dessous de l'aile d'une colombe blanche, la lueur de nacre courant aux épaules frissonnantes d'un premier décolletage, jamais les blanches tendresses vierges de la peau de la femme n'ont eu un peintre pareil à ce miniaturiste dont les petits portraits, si larges, si moelleux, si vivants, si radieux, font penser à ces grands peintres de la chair, Van Dyck et Rubens, réduits à un format de médaillon, ou bien encore regardés par le petit bout d'une lorgnette achetée au Petit-Dunkerque.

XI

La Révolution arrive. Les premières et généreuses illusions d'une rénovation, les grandes perspectives de la liberté remplissent le ménage de l'enthousiasme qui court les ateliers et passionne les têtes d'artistes. Le 7 septembre 1789, Mme Fragonard figure avec Mmes Vien, Moitte, Lagrenée la jeune, Suvée, David, dans l'ambassade des femmes d'artistes qui viennent offrir à la patrie, sur les bureaux de l'assemblée nationale, leurs bracelets, leurs anneaux d'oreilles, leurs bagues, leurs étuis, leurs aiguilles à tambour, leurs bijoux d'or et d'argent. Et n'est-ce pas dans son costume de patriotisme que nous la fait voir la miniature de M. Théophile Fragonard ? Le petit bonnet de gaze entricoloré de rubans et surmonté de la cocarde, les cheveux sans poudre tombant à la garçon, la taille prise dans un *pierrot* blanc à petit collet, les revers larges et rabattus, un œillet rouge au corsage, — rien ne lui manque de la mode nationale.

Fragonard, lui, pendant ce temps, dédie la Bonne Mère à la patrie. L'influence de David, qui est resté son ami et chez lequel il envoie étudier son fils Évariste, le fait nommer conservateur du Musée, et plus tard membre du jury des arts, constitué en brumaire an II de la République, sous la présidence de Pache, pour juger les ouvrages de peinture, sculpture et architecture mis au concours. Le triomphe de la nouvelle école semble l'écraser et l'éblouir : il paraît vouloir faire amende honorable de son genre, de sa vive peinture ; et de ses vieux doigts, si hardis à saisir les fantaisies dans le nuage, il travaille à des dessins pénibles, ennuyeuses imitations de l'ennui des lignes d'alors, que lui achète quelque amateur arriéré, quelque banquier bruxellois ayant encore dans l'oreille le bruit de son nom.

Cependant bientôt arrivent les déceptions, les retranchements, la gêne. Fragonard avait 18 000 livres de rente sur l'État ; avec les réductions, les consolidations, ses 18 000 livres de rente tombent à 6000. Il se trouve si pauvre avec cela, qu'il les place en viager sur la tête des siens. A demi ruiné, il prend encore cette place de conservateur, où, malgré une vive opposition, il avait fait adopter la séparation des écoles. Les ennemis que lui fait, parmi les gens de l'art de 1790, le passé de son talent, circonviennent le ministre, qui lui envoie sa démission sous le prétexte ironique de le rendre à ses importants travaux.

Perte de son argent, perte de sa place, oubli de sa vieille gloire, Fragonard supporta toutes ses tristesses de la fin de sa vie avec de la jeunesse d'esprit, une patience allègre, un courage gai, un heureux fonds de belle santé. Il tenait de son père, mort à quatre-vingt-dix ans de la courbature d'une chasse où il avait voulu aller tuer du gibier pour le dîner du baptême de son petit-fils Évariste. Leste, ingambe, il promettait la même carrière, lorsqu'un jour, en revenant à pied d'une course au champ de Mars, ayant soif et chaud, il entra prendre une glace dans un café : une congestion cérébrale suivit et l'emporta. Il avait soixante-quatorze ans.

Il mourut obscur, oublié. Il n'eut même pas la courte nécrologie que le *Journal de l'Empire* donne à Greuze, la ligne avec laquelle il annonce la mort des artistes. Et rien ne le rappela à ses contemporains qu'un souvenir, un tableau exposé au Salon de cette année-là même, où Mlle Gérard avait mis pieusement dans la tête du Bailli les traits et la ressemblance « du bon ami Frago ».

XII

Pour décrire le grand tableau de Fragonard, Diderot a imaginé de le rêver. Il ne pouvait mieux faire : Fragonard est le Maître du songe. Sa peinture est un rêve, — le rêve d'un homme endormi dans une loge d'Opéra.

La scène s'efface, la salle s'éteint. Le coin du Roi et le coin de la Reine disparaissent. L'orchestre s'éloigne. La musique expire, et dans un murmure ailé d'instruments invisibles, un air de Gluck soupire, voltige et meurt. Peu à peu tout se tait, tout finit, — puis doucement tout revient. Le sommeil relève en silence la toile du théâtre. Et l'opéra recommence devant le dormeur, un opéra céleste et triomphal. Les palais, les temples, les campagnes, les colonnades de marbres et de verdure, se lèvent dans une vapeur. Les changements à vue se jouent dans les feux de Bengale. Les métamorphoses de la Fable se succèdent. Les allégories rayonnent. La corbeille de Flore se vide dans le ciel, et fait pleuvoir le printemps. Les nuages de carton se changent en nuage de gloire. Les pots à feu répandent des auréoles. Les massifs de roses deviennent des buissons ardents. Les robes d'actrices, fendues et volantes, laissent paraître des corps de déesses. Les cascades, les jets d'eau brillent, se brisent et sautent, lançant en l'air leur poudre de diamants. Puis, tout à coup, ce n'est plus que Cupidons courant avec des torches dans une forêt de cyprès ; et tout au fond, monte et grandit, dans un éblouissement de flamme, le Temple de l'Amour, l'Amour même de Bouchardon, illuminé comme de l'immense flambée de bois de cette fête de Trianon, — le dernier feu de joie du XVIIIe siècle !

NOTULES

Sur le rouleau des études de Fragonard, envoyées de Rome par Natoire, à Paris, en 1758, voici le jugement de l'Académie en date du 31 juillet 1758 : « La figure académique d'homme, peinte par le s^r Fragonard, a paru moins satisfaisante que si on n'avait pas connu les dispositions brillantes qu'il fit paraître à Paris... Il en est de même de sa tête de prêtresse qu'on trouve peinte d'une manière un peu trop doucereuse, mais on a été plus satisfait de ses dessins qu'on trouve dessinés avec finesse et vérité. » L'année suivante (11 octobre 1759), l'Académie semble plus contente de Fragonard, « bien que l'excès de soin parût remplacer avec peu d'avantage la facilité du pinceau qu'il portait peut-être cy devant à l'excès ». (*Académie de France à Rome*, par Lecoy de la Marche.)

Les lettres de Natoire confirment l'intimité qui s'établit de suite entre l'abbé de Saint-Non et le pensionnaire. Natoire écrit à la date du 27 août 1760 : « M. l'abbé de Saint-Non est depuis un mois et demi à Tivoli avec le pensionnaire Fragonard, peintre. Cet amateur s'amuse infiniment et s'occupe beaucoup. Notre jeune artiste fait de très belles études qui ne peuvent que luy être utiles et luy faire beaucoup d'honneur. Il a un goût très piquant pour ce genre de paysage, où il introduit des sujets champêtres qui lui réussissent. » Natoire écrit encore à la date du 18 mars 1761 : « Le s^r Fragonard est bien près de son départ ; M. l'abbé de Saint-Non, toujours porté à rendre service à ce pensionnaire, puisqu'il l'emmène avec lui, vient de l'envoyer à Naples pour voir les belles choses que renferme cette ville, avant de commencer leur voyage. Cet amateur porte avec lui une quantité de jolis morceaux de ce jeune artiste qui, je crois, vous feront plaisir à voir. »

Fragonard, qui était arrivé à Rome en 1756 avec Brenet, en repartait le 4 avril 1761. (*Académie de France à Rome*, par Lecoy de la Marche.)

A propos de la réception de Fragonard à l'Académie, M. de Marigny écrivait à Natoire le 27 mars 1765 : « M. Fragonard vient d'être reçu à l'Académie avec une unanimité et un applaudissement dont il y avait peu d'exemples ; on espère qu'il contribuera à consoler de la perte de Deshaies. « (*Académie de France à Rome*, par Lecoy de la Marche.)

Dans les nombreux tableaux et dessins que le miniaturiste Hall possédait de Fragonard, il y a, mentionnée par lui, dans son catalogue manuscrit, cette curieuse indication :

Fragonard. — Une tête d'après moi, dans le temps qu'il faisait les portraits au premier coup pour un louis................ 24

(*Hall, sa vie, ses œuvres, sa correspondance*, par Villot, 1867.)

M. Groult possède une très grande toile décorative de Fragonard, qui semble un panneau du salon de Terpsichore de la maison de la Guimard, située rue de la Chaussée-d'Antin. La danseuse, grandeur nature, est représentée en bergère d'opéra ; sur ses cheveux poudrés est posé un léger chapeau de jardin à la forme joliment gondolée, aux rubans envolés derrière elle, et un carlin jappe sous sa jupe. Elle a un corsage rose lacé entre les deux seins, une robe à retroussis de soie verte, sur laquelle est jeté un tablier de dentelle dont les petites poches sont agrémentées de nœuds de rubans et de roses artificielles. Et la danseuse en train d'esquisser un pas de danse est chaussée d'un soulier de satin blanc à bouffettes roses, d'un charmant petit soulier dont le pied vainqueur est visé par un amour, agenouillé dans un buisson de roses et qui s'apprête à décocher la flèche de son arc.

M. Lagrange, au retour d'un voyage dans le Midi, a donné dans la *Gazette des Beaux-Arts* du 1er août 1867 une longue description de la maison de Fragonard à Grasse, cette maison où le peintre s'était réfugié pendant la Terreur, et dont il avait peinturluré ou fait peinturlurer si révolutionnairement l'escalier.

Le salon, dont un bas-relief en marbre à la Clodion surmonte la porte, a tous ses murs couverts de peintures, et jusque dans les angles étroits des encoignures, des langues de toile cachent sous leurs fleurs peintes les lambris. Une décoration complète à laquelle il ne manque que les cadres de boiseries. Ce sont de grands tableaux de plus de deux mètres entre les portes, et de petits tableaux au-dessus des portes, où se développe un poème d'amour ; les grands panneaux racontant le drame humain et l'aventure galante ; les petits panneaux faisant planer au-dessus l'Olympe ironique des Cupidons. Le premier panneau représente une rencontre de garçonnets et de fillettes près d'une fontaine d'amour ; — au-dessus un Cupidon fait la chasse à une colombe. Dans le second panneau, les amoureux échangent au-dessous d'une statue de Psyché un serment d'amour dans un mol baiser. Dans le troisième panneau, sur la terrasse où rêve l'amoureuse, apparaît au haut d'une échelle l'amoureux ; — au-dessus, un Cupidon savoure l'odeur d'une rose épanouie. Le quatrième panneau vous montre la jeune victime tombée, traînée au pied d'un autel à l'Amour ; — au-dessus, cabriole un Cupidon, une marotte à la main. Le cinquième panneau, le panneau final : c'est, sous la feuillée d'un bosquet, au milieu d'orangers jonchés de guitares, de cahiers de musique, l'agenouillement de l'Amour que l'amante couronne, pendant que, dans un coin, Frago lui-même crayonne, un portefeuille sur les genoux. Et comme apothéose à ce cinquième acte, un Amour-Hymen, tenant une torche dans chaque main, rayonne et fulgure sur le panneau de la cheminée, au milieu d'un ciel embrasé que sillonnent des Cupidons.

Deux des grands panneaux seuls sont signés, mais M. Lagrange ne doutait pas que toute la peinture du salon ne fût de la main de Fragonard, — toutefois à des années de distance, — des panneaux étant exécutés dans la tonalité bleuâtre des « Hasards de l'escarpolette », d'autres dans la tonalité blonde et chaude de la première manière du peintre.

Les lettres d'Honoré Fragonard sont introuvables. L'on ne connaît guère du peintre que quelques billets parmi lesquels je choisis les trois lignes publiées dans le supplément de l'*Isographie :*

Citoien Président, selon le vœu de la société, je vous remets mon nom et pré nom, ainsi que ma demeure : Jean-Honoré Fragonard, Gallerie du Louvre, n° 29. Salut et fraternité.

FRAGONARD.

Ce billet est adressé au citoyen Sauvigny.

A propos du tempérament de peintre de Fragonard et de tout l'organisme de son être tourné vers l'art, Renouvier cite ce mot caractéristique du peintre : « *Je peindrais avec mon cul !* »

TABLE DES ILLUSTRATIONS

Le document reproduit sur la couverture du présent volume est un pastel intitulé « Tante Rosalie » (cl. Helleu).

Les Introuvables

Collection dirigée par Thierry Paquot et Sylvie Camet

La collection *Les Introuvables* désigne son projet à travers son titre même. Les grands absents du Catalogue Général de la Librairie retrouvent ici vitalité et existence. Disparus des éventaires depuis des années, bien des ouvrages font défaut au lecteur sans qu'on puisse expliquer toujours rationnellement leur éclipse. Oeuvres littéraires, historiques, culturelles, qui se désignent par leur solidité théorique, leur qualité stylistique, ou se présentent parfois comme des objets de curiosité pour l'amateur, toutes peuvent susciter une intéressante réédition. *L'Harmattan* propose au public un fac-similé de textes anciens réduisant de ce fait l'écart entre le lecteur contemporain et le lecteur d'autrefois comme réunis par une mise en page, une typographie, une approche au caractère désuet et quelque peu nostalgique.

Déjà parus

Albert GUÉRARD, *L'avenir de Paris,* 2006.
Grazia DELEDDA, *Dans le désert,* 2006.
Grazia DELEDDA, *Le fantôme du passé,* 2006.
Judith GAUTIER, *La sœur du soleil,* 2006.
Henri BARBUSSE, *Staline,* 2006.
Georges D'AVENEL, *Le nivellement des jouissances,* 2006.
Madame Anaïs Ségalas, *Enfantines,* 2005.
Madame de STAAL-DELAUNAY, *L'engouement et la mode,* 2005.
STRYIENSKI Casimir, *Mémoires de la Comtesse de Potocka,* 2005.
La comtesse de NOAILLES, *Passions et vanités,* 2005.
STERN Daniel, *Pensées, réflexions et maximes,* 2005.
Mme L. SURVILLE, *Balzac sa vie et ses oeuvres,* 2005.
GIRAUD Albert, *Pierrot lunaire,* 2004.
HALEVY Ludovic, *L'abbé Constantin,* 2004.
CHERBULIEZ Victor, *Meta Holdenis,* 2004.
IBAÑEZ V. B., *Terres maudites,* 2004.
MOREAU Hégésippe, *Contes à ma soeur,* 2004.
FLEURIOT Mlle Z., *Raoul Daubry,* 2004.
MONIER René, *L'origine de la fonction économique des villes,* 2004.

558701 - Mars 2014
Achevé d'imprimer par

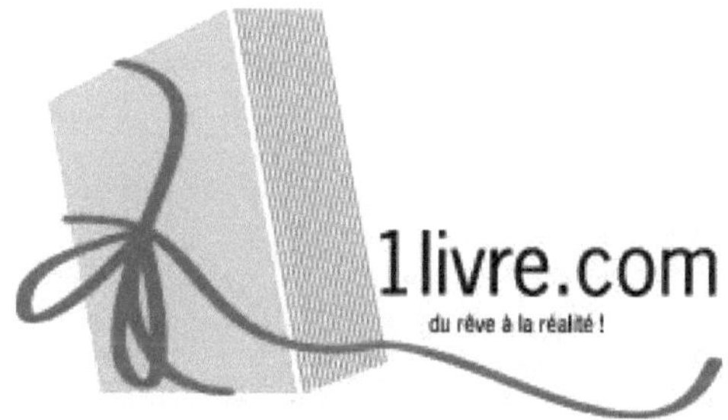